アフター・ヨーロッパ

ポピュリズムという妖怪にどう向きあうか

AFTER
アフター・ヨーロッパ
ポピュリズムという妖怪にどう向きあうか
EUROPE

イワン・クラステフ Ivan Krastev
庄司克宏……監訳

岩波書店

AFTER EUROPE

by Ivan Krastev

First published 2017 by the University of Pennsylvania Press, Philadelphia.
This Japanese edition published 2018
by Iwanami Shoten, Publishers, Tokyo
by arrangement with the University of Pennsylvania Press, Philadelphia, Pennsylvania.

目　次

凡例

・本文中で地の文、および引用部分における〔　〕内は、訳注あるいは訳者による補足である。
・本文中の引用部分における［　］内は、イワン・クラステフ自身による補足である。

はじめに

既視感としてのハプスブルク帝国

EU の危機的状況

The Déjà Vu Mind-Set

ハプスブルク帝国の分裂

一九一四年六月末のある日、ハプスブルク帝国の国境に近い人里離れたある要塞都市に、電報が届いた。その電報は、大文字で書かれたたった一行のものであった。「噂によれば皇位継承者がサラエボで暗殺された」。帝国の将校の一人であるバッチャーニ(Battyanyi)伯は、一瞬目を疑ったものの、スラブ民族贔屓と考えられていたフランツ・フェルディナント(Franz Ferdinand)大公の死について、どうしたわけか同胞に母語のハンガリー語で話し始めた。スロヴェニア人のイエラチィチュ(Jelacich)中尉は、帝権への不忠を疑われていたハンガリー人に不安を覚えており、より広く慣行として用いられていたドイツ語で話すよう求めた。「では、ドイツ語で言おう」とバッチャーニ伯は応えた。「私とその同胞は同じ思いである。つまり、人でなしがいなくなって喜ばしいのだ」。

これが、ともかく、ヨーゼフ・ロート(Joseph Roth)〔オーストリアの作家〕が、誉れ高い小説 *The Radetzky March*(『ラデツキー行進曲』)(1)で描いた、多民族から成るハプスブルク帝国の終わりであった。帝国の最終的な崩壊は、運命でもあれば、殺人でもあり、自殺でもあれば、単に純然たる不運でもあった。帝国の崩壊が制度の疲弊による自然死、あるいは第一次世界大戦による暴力的な殺人であったのかどうかについて、歴史家たちの見解が一致しない一方で、ハプスブルクの実験の失敗という亡霊は、欧州人の心につきまとい続けている。オスカール・ヤーシ(Oscar Jaszi)〔ハンガリーの社会科学者、歴史家、および政治家〕は、君主国の終わりの証人(かつ歴史家)であるが、一九二九年に次のように執筆した際、まったくもって的を射ていた。「もしオーストリア＝ハンガリーという国家の実験が本当に成功していたら、ハプスブルク君主国は、その領域において、現在の欧州のもっとも根本的な問題を解決していたことになるだろう……。すなわち、平和的かつ実効的な国際（＝民族間）協力を可能にするために十分に国家主権を制限しながら、それぞれの国家が独自に存続できるような形で、多様な理想および伝統をもつ特有の国民性（＝民族性）を結合させるということは可能なのか、という問題である(2)」。

われわれが知っているとおり、欧州はその最も困難な問題を解決することができなかったため、実験が決定的な結論に達することはなかった。ロートの小説は、政治的および文化的に工夫を凝らした人工の世界が消え去る場合は早々にそうなるということを、確固として示している。その終焉は、構造的な欠陥の当然の帰結でもあり、また交通事故と同じようなものでもある。つまり意図せぬ結末、あるいは夢遊病者の行動のような、完全にそれ自体の原動力をもつ独特な瞬間である。それは、不可避であると同時に、予期せぬ出来事でもある。

今日、われわれは欧州において同じような「分裂の瞬間」を経験しているのだろうか。「欧州連合」（EU）を去るというイギリスの民主的な決定（経済の観点では、二〇の小規模EU加盟国の脱退に匹敵する）も、大陸における欧州懐疑主義的な政党の台頭も、欧州のもっとも根本的な問題を解決しようというわれわれの現代の実験が失敗したことを示しているのだろうか。EUはハプスブルク帝国のように分裂する運命なのだろうか。オランダ、フランス、およびドイツの重要な選挙が注目される二〇一七年は、一九一七年（ロシア革命の年。これにより欧州における東西対立が始まった）と同様に非常に重大な年となる運命なのだろうか。

欧州分裂の理論の欠如

ヤン・ジーロンカ(Jan Zielonka)〔オックスフォード大学教授。欧州政治を専門とする〕は、的確にも「欧州の統合についての理論は多くあるが、欧州の分裂に関するものはないも同然である」と述べている。[3] これは偶然ではない。欧州のプロジェクトを企図した者たちは、「D」(「disintegration」の「d」)で始まる言葉に触れないことが、それが起こるのを回避するための確実な手段であると信じてごまかそうとしてきたのである。彼らにとって、欧州統合は疾走する列車のようなものであった。決して止まらず、振り返らない。EUの分裂を想像もつかないものにすることが、統合を不可逆的にすることよりも優先された戦略であった。しかし、分裂の理論の欠如には、そのほかに二つ理由がある。第一に、定義の問題である。分裂は、EUの改革あるいは再編とどのように区別できるだろうか。ユーロ圏またはEU自体から一部の国が離脱するならば、分裂ということになるだろうか。EUのグローバルな影響力が減退すること、また、人の自由移動のような欧州統合の主要な成果が一部後戻りすることや、EU司法裁判所などの機関が廃止されることが起これば、分裂の証左なのだろうか。二層式欧州が出現するならば、分裂ということになるのか、それとも、一層緊密かつ完全な連合に向かう一歩となるのだろうか。EUが反リベラルな民主主義国家で占められるようになれば、従前と同じ政治プロジェクトを続けることは、果たして可能なのだろうか。

さらに、政治リーダーたちと一般大衆が分裂を恐れてすくんでいるまさにその瞬間に、欧州はいまだかつてなく統合されているという、皮肉な状況がある。金融危機は、銀行同盟という構想を現実のものとした。テロリストの脅威の高まりに実効的に対応する必要性から、治安面で、欧州人はいまだかつてないほど協力を迫られている。また、逆説の極みとして、EUが現在直面している複合的な危機により、普通のドイツ人がギリシャとイタリアの経済の問題にいつになく関心をもつようになり、また、ポーランド人とハンガリー人がドイツの難民庇護政策に注意を払わざるをえなくなっている。EUがいまだかつてないほど運命共同体のように見える一方で、欧州人は分裂の不安の中を生きているのである。

欧州分裂を想像することは、フィクション作家の間でも流行したことがほとんどない。ナチス・ドイツが第二次世界大戦で勝利を収めていたらどうなっていたであろうか、と問う小説は多数ある。同様に、ソ連が冷戦に勝利していたら、あるいは、さらに言えば、共産主義革命がペトログラードではなくニューヨークで起こっていたらどのようなことになっていたかについて書かれた空想小説もある。しかし、ほぼ誰もEUの分裂という架空の物語を語るようなことはしてこなかった。おそらく、唯一の例外はジョゼ・サラマーゴ（José Saramago）〔ポルトガルの作家・ジャーナリスト〕である。彼の小説 *The Stone Raft* では、フランスからスペインへと流れる川が地中に消え去り、イベリア半島全体が欧州から離れ、大西洋を渡って西へと向かう(4)。

ジョージ・オーウェル（George Orwell）〔イギリスの作家・ジャーナリスト〕が、「目の前のことを理解するには絶え間ない努力が必要だ」ということを示唆したのは確かに正しかった。一九九二年一月一日、世界は目を覚ますと、ソ連がもはや地図上になくなったことを知った。世界の二つの超大国のうちの一つが、茶番に終わった一度のクーデターを除いて、戦争や外国の侵入、その他の惨禍などによらずに、崩壊したのである。ソヴィエト帝国は失敗するには大きすぎる、崩壊するにはあまりに安定している、敗れるはずがないほど核武装している、あまりに多くの変動を生き延びてきているので崩壊は考えにくい、といったあらゆる予測に反して、崩壊は起こった。一九九〇年の時点でも、アメリカの一流の専門家グループが、次のように主張していた。「煽情的なシナリオによれば、刺激的な読み方ができるが……現実の世界では、様々な安定化と抑制の要因が存在する。社会はたびたび危機を経験し、なかには重大で危険なものもあるが、それでも社会はめったに自殺はしない」[5]。しかし現実には、社会はときに自殺をするのであり、しかもかなりの気迫を込めて自殺することもある。

今日の欧州人は、一世紀前のように、唖然とするような不確実性が社会の想像力をかき立てるときを生きている。それは、政治リーダーも一般市民も同様に熱狂的な積極性と宿命観的な消極性の間で引き裂かれているときであり、今まで考えられなかったこと、すなわちEUの分裂が、不可避と受け止められ始めるときである。またそれは、つい昨日にはわれわれの行動を導いていた物語と想定が、時代遅れのみならず、ほぼ理解できないものと思われ始めるときである。歴史からわかるように、なにかが馬鹿げて非合理的に思われても、それが起こりえないことを意味することはほとんどない。また、リベラルなハプスブルクに対する、中欧の変わらないノスタルジーは、ときにわれわれが何かを失った後にはじめてその価値を理解できるということの最たる証拠である。

EUの前提の変化

ＥＵは、常にリアリティーを追求する思想であった。しかし、かつてＥＵを束ねていたものがもはや通用しなくなっているという懸念が大きくなっている。たとえば、共有されていた第二次世界大戦の記憶は、視界から消えてきている。ドイツの高校の一五歳と一六歳の半分は、ヒトラー（Adolf Hitler）が独裁者であったことさえ知らないし、三分の一は彼が人権を保護したと信じている。ティムール・ヴェルメシュ（Timur Vermes）〔ドイツの作家・ジャーナリスト〕による二〇一一年の風刺小説 *Look Who's Back*（『帰ってきたヒトラー』）は、もはや論点はヒトラーの復活があり得るかどうかではなく、われわれが彼をヒトラーであるとわかるかどうかであるということを示している。この小説はドイツで百万部以上売れた。一九八九年にフランシス・フクヤマ（Francis Fukuyama）〔アメリカの政治学者〕が約束した「歴史の終わり」は、とうに来ているのかもしれない。しかしそれは、歴史上の経験はもはや重要ではなく、それに本当に関心をもつ者はほとんどいないという、フクヤマの意図とは異なった意味においてであるが。[6]

欧州の結合のための地政学的な根拠は、ソ連の崩壊により消え去った。また、プーチン（Vladimir Putin）のロシアは、脅威となりうるとしても、ソ連という存在の空白を埋めることはありえない。欧州人は今日、冷戦の終焉に向かっていた日々よりも不安定な状況にある。調査によれば、イギリス人、ドイツ人、およびフランス人の多数は、世界が大きな戦争に向かっていると信じているが、ＥＵが直面している外部の脅威は、大陸を結束させるというより分断している。ギャラップ・インターナショナル（Gallup International）が行った最近の調査は、安全保障上の重大な危機が発生する場合、ＥＵ加盟国の少なくとも三加盟国（ブルガリア、ギリシャ、およびスロヴェニア）の市民は、西側ではなくロシアに支援を求めることを示している。米欧関係の性質も劇的に変化している。ドナルド・トランプ(Donald Trump)は、EUの存続が自国の外交政策の戦略目的であるべきと考えない、初のアメリカ大統領である。

福祉国家は、かつて戦後の政治的コンセンサスの核心部分であったが、これも疑問視されている。欧州は高齢化している。大陸の年齢の中央値は、二〇〇三年の三七・七歳から、二〇五〇年には五二・三歳に上昇すると予想されており、欧州の繁栄の将来は、当然のものとはほとんど考えられない。たいていの欧州人は、今日の子どもたちの生活が、自分たちの世代の生活よりも厳しいものになるだろうと考えている。また、難民危機が示しているように、移民は、欧州に人口動態上の弱点の解決策をもたらしそうにない。

しかし、欧州の福祉国家を不安定な状況に陥れるのは、人口動態の問題だけではない。マックス・プランク研究所(Max Plank Institute)所長であり、ドイツの社会学の第一人者のひとりに数えられるヴォルフガング・シュトレーク(Wolfgang Streeck)によれば、欧州福祉国家モデルは一九七〇年代から危機にあった。資本主義は、第二次世界大戦後に押し付けられた制度と規制から脱却して自由になることに成功し、その結果、非常に称賛された欧州の「租税国家」は、事実上「債務国家」に変わってしまった。租税収入を豊かな者から貧しい者に分配するかわりに、欧州各国の政府は、今や、赤字支出の形で将来の世代から借金をすることによって、財政の健全性を維持している。その結果として、民主主義国家の有権者は市場を規律する力を失い、それにより戦後の福祉国家のまさにその重要な土台を壊してしまっている。

「ガラパゴス化」するEU？

最後に、EUはイデオロギーの流行の変化により呪われてきた。二〇一四年、EUは「自閉性障害」の疑いがあると診断された。その診断は驚きであったが、その症状が見落とされるということはありえなかった。たとえば、社会的相互作用の減少、コミュニケーション・スキルの低下、興味の限局、反復行動である。EUは、かつて多くの人々が当然ととらえていた、他者についての直観的洞察に欠けていることをあらわにした。このことは、ウクライナ危機のときにとくに明らかだった。EUは、長い間、ロシアがウクライナのEU加盟に反対することはないだろうと厚かましくも考えていたところ、プーチンがクリミア併合のために軍隊を展開させ、面食らったのである。直観的洞察の欠如は、市民が欧州プロジェクトから遠ざかっていることはコミュニケーションがうまくいっていない結果でしかないと、ブリュッセル〔EUの首都に位置付けられる都市。ここではEUのこと〕が繰り返し主張したことにもあらわれていた。ウクライナ危機につづいて、ドイツのアンゲラ・メルケル(Angela Merkel)首相は、ロシアのウラジミール・プーチン大統領と電話で話した後、彼が「別世界」に住んでいると結論した。事件から三年後、果たして二人のうちどちらが「現実の世界」に住んでいるといえるのであろうか。

ブリュッセルは、冷戦終結とEU拡大の後、世界の歴史が示している趨勢についてひどく判断力に欠けた見方をして、自らの社会的・政治的モデルにのぼせあがった。欧州の世論は、グローバリゼーションにより、国際社会の主要なアクターとしての国家の衰退と、中核にある政治的動因としてのナショナリズムの衰退が、加速すると想定していた。欧州人は、民族的なナショナリズムと政治神学を克服したという自らの第二次世界大戦後の経験を、普遍的な傾向のシグナルとして解釈した。「欧州は、リベラリズムがもたらすエネルギーおよび自由と、社会民主主義がもたらす安定および福祉との、統合を体現している。世界がより豊かになり、飢餓や衛生などの基本的なニーズを満たしたその先に進むにつれ、欧州の生活様式は圧倒的に魅力的なものとなるだろう」と、マーク・レナード（Mark Leonard）〔イギリスの政治学者〕は、自らの意欲的な著書 *Why Europe will Run the 21st Century*（『アンチ・ネオコンの論理――ヨーロッパ発、ポスト・アメリカの世界秩序』）に記した。[7] しかし、つい昨日までは普遍的にあてはまると考えられたことが、今や例外に見え始めている。イスラム世界が広大な範囲に及んでいることはいうまでもなく、中国、インド、およびロシアを一瞥するだけで、民族的ナショナリズムも宗教も、いまだに世界政治の主な原動力であることが明らかである。欧州のポスト・モダニズム、ポスト・ナショナリズムおよび世俗主義は、欧州を世界の他の地域とは異なったものにしており、またそれらは、必然的に起こりうることを予示するものではない。また、難民危機の脈絡で見えてくるのは、国家への忠誠が、かつて息絶え葬られたかと思われたが、猛烈な勢いで現代の欧州に舞い戻ってきていることである。

近年、欧州人が実感するようになったのは、ＥＵの政治モデルは称賛に値するけれども、普遍的となることはおろか、近隣諸国に波及する可能性も低いということである。これは、日本のテクノロジー企業が経験した「ガラパゴス現象」の欧州版である。数年前、これら企業は、日本が世界で最も優れた３Ｇ携帯電話をつくりながら、世界の他の地域がそのような「完璧」な機種を使う技術革新に追いつけないために、世界市場を見いだせないことに気が付いた。日本の携帯電話は、失敗するには大きすぎたというよりも、外の世界の挑戦から守られ、隔離された状態で進化し、完璧すぎたので成功をおさめることができなかったのである。現在では欧州が、自らの「ガラパゴス化」の瞬間に直面しているのである。(8) 欧州のポスト・モダンの秩序は、あまりにも進化しすぎて、周囲に対して独特なものとなったため、他の地域が追随するのは不可能であるということかもしれない。

アフター・ヨーロッパ

この新しい現実が、まず私に「アフター・ヨーロッパ」という視点から考えるヒントを与えた。「アフター・ヨーロッパ」とは、旧大陸が世界の政治における中心的役割も、欧州人自身に対する自信（その政治的選択が世界の将来を形作るという自信）も失ったことを意味する。「アフター・ヨーロッパ」とは、欧州のプロジェクトがその目的論的な魅力を失ってしまったことと、「欧州合衆国」という考えが、過去五〇年間のうち、おそらく他のどの時期と比べても心に響かないものとなっていることを意味する。「アフター・ヨーロッパ」とは、欧州が、キリスト教と啓蒙主義の遺産はもはや確かなものではないという、アイデンティティの危機に苦しんでいることを意味する。「アフター・ヨーロッパ」は、ＥＵが終わりを迎えていることを意味するというよりはむしろ、欧州と世界の未来の形についてのわれわれの甘い希望と期待を捨て去らなければならないことを意味している。

次に述べるのは、アントニオ・グラムシ（Antonio Gramsci）〔イタリアのマルクス主義思想家〕の「認識においては悲観主義、意志においては楽観主義」という姿勢で、欧州の運命について考察したことである。私は、分裂という列車がブリュッセルの駅を発車していると考え、またそれが大陸を混乱させ、世界的な重要性を失わせる運命に導いていると危惧している一人である。それにより、寛容と開放性という思いやりの環境は、無慈悲で偏狭な精神状態に特徴づけられるものにおそらく変わるだろう。それが欧州内部の周辺に位置するリベラルな民主主義国家の瓦解の原因となり、一部の既存の加盟国の崩壊をもたらすかもしれない。それによって、必ずしも戦争には至らないだろうが、おそらくそれは苦難と混乱をもたらす一因となるだろう。政治的、文化的および経済的な協力はなくならないであろうが、自由で結合した欧州という夢はおそらく潰えるだろう。

同時に私は、欧州が正当性を取り戻すのに、自らが直面するすべての問題を解決する必要はないと信じている。必要なのは、今後五年間、欧州人が欧州を自由に旅行できること、ユーロが少なくともいくつかの加盟国の共通通貨として順調に生き延びること、また、市民が自由に自国の政府を選び、かつ自国政府をストラスブールの欧州人権裁判所に訴えることができることである。ドイツの偉大な詩人であるライナー・マリーア・リルケ(Rainer Maria Rilke)は、「誰が勝利を語るのか」と問う。「持ちこたえることがすべてである」。しかし、持ちこたえることさえも容易ではないだろう。

EUが崩壊する場合、その分断化の論理は、銀行の取り付け騒ぎのようなものであって、革命ではないだろう。EUの内部崩壊は、国民投票で残留派に対して離脱派が勝利する結果であるとは限らない。内部崩壊が起こるとすれば、エリートが国内政治の力学を読み違えることにより、EUの長期的な機能不全(あるいは機能不全と見なされるもの)が悪化するという、予期せぬ結果として起こる可能性の方が高いだろう。EUが崩壊するのではないかと恐れるなかで、また、そのような帰結の影響を防ごうと望むなかで、多くの欧州のリーダーと各国政府は、欧州のプロジェクトの崩壊を初めから分かり切っていたこととする行動をとるだろう。また、仮に分裂が実際に起こったなら、それは周辺国の脱走からではなく、主要国(ドイツ、フランス)の反逆から引き起こされるだろう。

本書の目的

本書の目的は、EUを救うことでも、悼むことでもない。本書は、欧州危機の原因解明に関するありふれた本ではなく、欧州のエリートの腐敗と無能を批判する小冊子でもない。ましてや、欧州懐疑主義者の書でもない。本書は、これから起こりそうなことについてただ思いめぐらすこと、また、われわれが個人的に経験した歴史の急激な変化が、いかにわれわれの現在の行動に影響を与えるかを分析することが目的である。私の心をとらえるのは、私が「既視感的思考様式」とみなすものが政治にもたらす力である。この思考様式とは、われわれが今日経験していることはかつての歴史上の瞬間あるいは逸話の繰り返しである、という確信がつきまとっている心理状態を意味する。

こうした意味で、欧州は、左派と右派、北と南、大国と小国、欧州の関与の増大を望む者とその縮小またはその消滅を望む者との間のみならず、分裂を直接に経験した者と教科書から学んだだけの者との間でも引き裂かれている。これは、共産主義の崩壊とかつての強大な共産圏の分裂を直接に耐え忍んだ人々と、そのようなトラウマを残す出来事により傷つくことなく生まれ育った西欧人とを分かつ裂け目である。

今日の欧州危機の発生がブダペストからであろうとパリからであろうと、それに対する解釈が大幅に異なることを決定づけるのは経験そのものである。東欧人は事態というものが不安や恐怖の感情により一掃されるものであると理解するのに対し、西欧人はすべてうまくいくと信じようと言い張る。歴史家のベンジャミン・F・マーティン(Benjamin F. Martin)は、「一九三七年一二月はじめのフランスでは、目を閉じて信じようと頑張れば、すべてが問題ない、あるいは少なくとも前より悪くはならないと信じることも、ほぼ可能だった」と記している。[9] 二〇一七年のはじめ、目を閉じて信じようと頑張れば、当時と同じように信じることができるかもしれない。しかし、私もその一人であるが、東欧人の一人として経験したことのゆえに、目を閉じてすべてがうまくいくと信じるなど、当時よりもずっと根拠のない主張である。

本書は、既視感的思考様式にとらわれた頭であれこれと思いめぐらしたものとして読まれるかもしれない。私は、世界がひっくり返った一九八九年、ソフィア大学の最終学年で哲学の勉学にいそしんでいた。「ソ連で何かが変わるということなど決して想像だにしなかった。ましてや、ソ連が消滅するなど思いもよらなかった」との、ロシアのソングライターで反体制ミュージシャンであるアンドレイ・マカレヴィッチ(Andrei Makarevich)の言葉は示唆に富んでいる。[10] 私は、共産主義体制下のブルガリアで暮らしていて、同じことを感じていた。永遠と思い込んでいたものが突然、暴力によらずに終わるということを味わったことが、私の世代の人生における決定的な経験なのである。われわれは、突然開かれた機会と、新たに見出された個人の自由の感覚に圧倒された。しかし同時に、あらゆる政治的なものははかないという感覚を新たに発見もし、衝撃を受けた。

大規模な崩壊を経験すると、いくつかの教訓を学ぶ。もっとも重要なのは、歴史の方向性を決めるのは、ときに、大きな思想の背景のただなかにある些細な出来事の連鎖だということである。歴史家のメリー・エリーゼ・サロッテ（Mary Elise Sarotte）が自著 *Collapse* で論じたように、一九八九年一一月九日の夜にベルリンの壁が実際に開放されたのは、「東ベルリンの政治リーダーたちの決定によるものでも、……西ドイツ政府との合意によるものでもなかった。……〔それは〕分割されたベルリンにおける究極的な法的権威を依然として有していた四大国の計画によるものでもなかった……。壁の開放は、感動的な驚きの瞬間、すなわち文字通りの構造と象徴的な構造の両方が予期せず砕け散った瞬間であった。一連の出来事が起こり、その中には、そうでなければとるに足りないものであったかもしれないほど些細な誤りと言えるものもあった」[11]。共産主義の終焉は、フランシス・フクヤマにより「歴史の終わり」についての著述で説明されているが、ハロルド・マクミラン（Harold Macmillan）の「事件だよ、君、事件だ」に勝る説明ではない。

東欧人が今日の現象をどうとらえるかを、無数の側面から明らかにするのは、ソヴィエトの崩壊の経験である。欧州における政治の騒乱を目撃することで、われわれはこれは以前に経験したことがあるという無力感を感じている。唯一の違いは、以前に崩壊したのは他者の世界であったという点である。今回は、われわれの世界である。

今日の欧州では、制度的構造の根本的な欠陥（たとえば共通の財政政策抜きでの共通通貨の導入）に注目してEUの危機を議論したり、危機をEUの民主主義の赤字の帰結として解釈したりするのが一般的である。私の分析はこのような議論の方向性とは異なる。私の理解では、分裂のリスクに対処する唯一の方法は、難民危機が国内レベルの民主政治の性格を劇的に変えたということ、また、われわれが欧州で目撃しているのは、エスタブリッシュメントに対するポピュリストの暴動だけではなく、能力主義的エリートたち（彼らはブリュッセルにおいては勤勉かつ有能の最もよい象徴と見なされるものの、彼らが代表し奉仕するはずの社会からはかけ離れている）に対する有権者の反乱でもあるということを、明確に認識することである。難民危機がどのように欧州社会を変えたか、また、なぜ市民は能力主義的エリートたちに憤っているのかが、本書で扱おうとする二つの問題である。（難民危機が明らかにしたのは、もはや欧州人は遠い理想郷のようなものを夢見ていない、ということである。彼らが住みたいと願っている想像上の完璧な場所など現実には存在しないのである。新たな夢は、望まれざる外国人たちを罪悪感のかけらもなく送ることができる遠い島、いわゆる「ネイティビア」（Nativia）である。）

本書は、革命についての書でもある。二一世紀において、移民は新たな革命である。つまり、二〇世紀の大衆の革命ではなく、個人と家族が外部への脱出を余儀なくされることによる革命である。それは、イデオロギーが刻み込まれた輝かしい未来の描写によってではなく、グーグルマップ上の（国境の）向こう側にある生活の画像により引き起こされている。この新しい革命の成功には、イデオロギーも、政治運動も、政治リーダーも必要ない。非常に多くの、地上の呪われし者たちにとって、EUの境界を超えることは、人間として生きるための必要性の問題であって、実際にはユートピア的な将来の問題なのではない。

ますます多くの人々にとって、変化という概念は、自分が居住する国を変えるということであって、自分の国の政府を変えるということではなくなっている。移民革命の問題は、実はどの革命にも言えることだが、反革命を引き起こす可能性をそれ自体に内包しているということである。この場合、革命は、欧州の政治における主要な勢力として、脅えた多数派の台頭をもたらした。不安にかられた多数派は、外国人が自分たちの国を奪い、自分たちの生き方を脅かしていると恐れ、また現在の危機が、世界主義的《コスモポリタン》な志向のエリートと部族的《トライバル》な志向の移民との共謀によってもたらされたと確信している。

移民の時代において、民主主義は包容ではなく、排除の手段として作用し始めつつある。欧州における多くの右派ポピュリスト政党の主要な特徴は、彼らが愛国的・保守的なのではなく、反動的であるということである。また、マーク・リラ(Mark Lilla)〔アメリカの政治学者、思想史家およびジャーナリスト〕の分析によれば、「革命的な政治綱領がないにもかかわらず、反動的な精神の勢いが衰えない」のは、「今日の世界のどこであれ、絶え間のない社会と技術の変化にさらされつつ現代を生きるということは、永続革命と同じことを心理的に経験することだ(12)」という感覚のためである。また、反動主義者にとって、「大変動に対処する唯一のまっとうな対応は、やり直すことを希望して、新たな大変動を引き起こすことなのである」。

第１章

われわれ欧州人

We the Europeans

ジョゼ・サラマーゴは、彼の有名な小説*Death with Interruptions*(二〇〇五年)において、人々があまりにも長生きし過ぎて、死が存在することで果たすはずの役割を奪われている社会を想像している。(1)この新しい現実の最初には、ほとんどの人々は、自分の人生が長くなるという幸福感に圧倒される。しかし、間もなくして、形而上学的、政治的、かつ現実的な居心地の悪さに支配される。様々な制度が、より長く生きられることの恩恵に疑義を唱える。カトリック教会は「死がなければ復活もなく、復活がなければ教会もない」と心配する。保険会社にとって、死のない人生は保険契約の崩壊を意味する。国家は年金を永久に支払うという不可能な財政上の任務に直面する。高齢で衰弱した身内のいる家族は、死のみが永遠に続く介護から彼らを救ってくれることを理解する。首相は君主に警告する。「われわれが再び死ぬことを始めなければ、未来はない」と。間もなくして、老人と病人を死なせるために隣国に密航させるマフィアのような秘密結社が現れる(死はよその場所ではまだ選択できるものである)。

われわれがグローバリゼーションと呼んでいる、国境のない世界という欧州の経験は、不死を題材にしたサラマーゴによる空想に似ている。それは悪夢となった崇高な夢物語である。〔ベルリンの〕壁の崩壊によってもたらされた一九八九年直後の興奮は、気が遠くなるような不安と、「フェンス」の建設という要求にとって代わられた。世界の開放として称賛された出来事であるベルリンの壁の崩壊以降、欧州は、他者を排除することを明確にもくろんで、一二〇〇キロメートルの「フェンス」を建てた、あるいは建て始めた。

つい昨日までほとんどの欧州人が、自分たちの生活にグローバリゼーションが及ぼす影響について期待していたとしても、今日、彼らは将来のグローバル化された世界に不安を覚える。最近の調査によれば、欧州人の多数は、自分の子どもの生活が自分自身の生活よりも厳しくなると信じており、また自国が誤った方向に進んでいると確信している。

旅行者と難民は、グローバリゼーションの対照的な側面の象徴となった。旅行者はグローバリゼーションの主役であり、もろ手を挙げて感謝され歓迎される。旅行者は慈悲深い外国人である。旅行者はやって来て、お金を使い、笑顔を振りまき、称賛し、かつ出国する。旅行者は、われわれに問題を課すことなく、われわれがより広い世界と結びついているという気持ちにさせる。

これに対して、（つい最近までは旅行者でもありえた）難民は、グローバリゼーションの脅威の象徴である。難民はより広い世界の悲惨さと困難に直面して途方に暮れる。難民はわれわれの間にいるが、われわれの仲間ではない。たとえば、ギリシャ政府の優先事項は、難民を旅行者の目的地から遠ざけることである。旅行者を引きつけ難民を排除することが、欧州が望む世界秩序の縮図である。

一九世紀に、欧州の上流社会は、参加者がダンスのパートナーと役割を変え続ける（四組の男女で踊る）カドリールを積極的に受け入れた。カドリールは熱烈な人気を博し、すぐにメタファーとして用いられるようになった。新聞記事は「威厳のある（stately）カドリール」について論じたが、それはパートナーを変えて新たに政治同盟を形成し、欧州の勢力均衡を維持することを含意した。

過去一〇年間、リーマン・ブラザーズの倒産がグローバルな不景気を引き起こして以来、欧州連合

（EU）は自らの危機であるユーロ圏〔単一通貨ユーロの崩壊リスク〕、ブレグジット（Brexit）〔イギリスのEU離脱〕、また、ウクライナにおける革命〔および起こりうる反革命〕という、自らが招いた危機のために（また、それらをめぐって）ダンスを続けているようである。しかし、難民危機とは様々な危機の代表格であり、EUが連れ帰るダンスの「パートナー」である、というのが私の主張である。難民危機は、唯一、真の欧州全体の危機であり、欧州の政治的・経済的・社会的モデルに疑念をもたらしている。

難民危機は、欧州における情勢を根本的に変えた。それは難民や労働移民の流入によってのみ説明することはできない。それはまた何よりも、主張、感情、政治的アイデンティティおよび投票の変化でもある。難民危機は欧州にとっての9・11〔二〇〇一年九月一一日にアメリカで発生した同時多発テロ〕となったのである。

移民（難民）危機――あるいは、歴史はなぜ終わらなかったのか

四半世紀より少し前、今日では、はるか昔に感じられる一九八九年の「驚異の年」に、ドイツ人はベルリンの壁の瓦礫の上で歓喜した。知識人でもあったアメリカの国務省のある職員は、当時の時代精神を適切に捉えた。フランシス・フクヤマは、冷戦が終結して、すべての重要なイデオロギー上の紛争は解決したと論じた。抗争は終わり、歴史は勝者を生み出した。それはすなわち西側流のリベラル・デモクラシーであった。フクヤマは、ヘーゲルの書物を引用し、歴史そのものが申し渡した幸先の良い評決として冷戦における西側の勝利を示した。共産主義の転覆は、それがリベラルかつ平和裏になされたのみならず、思考の革命でもあったことから、すべての革命において最も驚くべきもので

あった。「歴史の終わりに現れる状況はリベラルである」と、フクヤマは主張した。「それが、法制度を通じて、人間の普遍的な自由権を認識しまた保護する限りにおいて、および統治される者の合意に基づいてのみ存在する限りにおいて」[2]。西側のモデルは、「街」の唯一の「持ち札(理想)」であった。近い将来、この模範例を見習っても成功しない国もあるかもしれない。しかしながら試してみる他の選択肢はないだろう。

EUの現在の危機を理解するためには、われわれは、今日の欧州プロジェクトが「歴史の終わり」という考えに知的に根ざしていることを認めなければならない。EUは、人類がより民主的で寛容な社会という方向に進展しまた発展するという、極めてリスクの高い賭けである。難民危機は、人間の進歩というリベラルなまやかしによって突き動かされたイデオロギー上の文脈において、何から何まですべてを問いただすよう強いる。移民(難民)危機が急進的であるのは、それがわれわれに一九八九年に思案された疑問に対して異なった答えを提示するように求めるからではなく、質問を全く変えてしまうからである。われわれは、四半世紀前よりも実質的に変化した知的な基盤にいるのである。

フクヤマによる概念上の枠組みにおいて、人類が直面する必要がある中心的な問いは明らかであった。すなわち、西側がいかに他の世界を変革できるのか、また他の世界はどのようにすれば西側を最もよく模倣できるのかということである。どのような特定の制度と政策が移転され、コピーされる必要があるのか、どのような本が翻訳され、増刷されるべきか、旧い制度をどのように発展させることができるのか、また、どのような新しい制度が生み出されるべきか。

大規模な現象としてのインターネット時代の黎明は、フクヤマによる将来のビジョンを支持する西側の熱望に影響を及ぼした。共産主義の終焉とインターネットの誕生は調和するように思われた。というのは、歴史の終わりが政治と制度の領域においてある種の模倣を同時に求め、また技術と社会生活の分野においてイノベーションを促したからである。まさに革命という言葉が、政治の世界から技術の世界に広がったのである。一九八九年は、グローバルな競争が拡大する世界の先駆けとなった。しかしそのような競争は、イデオロギーや国家よりも、企業や個人の間においてであった。フクヤマは、人々が社会を民主化するために自国に留まりながら、思想や資本、モノが自由に流通するグローバルな市場を想像した。多数の人々が国境を越えるという付随的なイメージを伴う移動という言葉こそが、フクヤマの構想から完全に欠けていた。彼にとって、本当に重要なのは、思想の自由な移動であった。彼のビジョンの中では、グローバルな思想は国境を自由に越える。その結果、リベラルな概念は、人々の心を摑むのである。

この世界観こそが暴落している。その重要な前提と闘うことによってのみ、われわれは欧州プロジェクトの崩壊という危険に適切に対処することができる。EUの存在の危機の核心にあり、またリベラルな秩序の大幅下落により提示される問いは、世界を変革する取組みにおいて西側が何を誤ったのか、ではない。問いは、過去三〇年、西側自身がどのように変わり、その価値や制度を輸出するという野望が、どのように西側社会における深遠なアイデンティティの危機という結果をもたらしたのか、である。大勢の欧州人が、移民の流入を無条件に民主主義の失敗の印と見なしていることは、今日的な問題であることを示している。意図せざる冷戦終焉の結果について根本的に検討し直すことによってはじめて、怒れるポピュリストがなぜ西側世界の至るところで選挙に圧勝するのか、また、なぜ寛容というリベラルな観念が、「ポリティカル・コレクトネス」〔性・民族・宗教などによる差別や偏見、またそれに基づく社会制度・言語表現は、是正すべきとする考え方〕と風刺される観念に安っぽくまとめられ、人民の敵と見なされるようになったのかを説明するのに資することができる。

フクヤマによると、将来を形成する進歩の原動力は思想であるが、むしろ二一世紀の欧州の歴史を形成するのは、今日、ＥＵに合法的にまたは違法に到着する何百万もの人々である。移民は、言い換えれば、欧州のリベラリズムの運命を定める歴史上のアクターである。しかしながら、移民危機が欧州の政治の中心を占めているため、われわれは将来を考え直すことのみならず、過去を再解釈することも迫られている。

フランシス・フクヤマが、西側の政治エリートによる熱狂的な喝采の中で歴史の終わりを公言していたのと同じ時期に、アメリカの政治学者である、カリフォルニア大学バークレー校のケネス・ジョウィット(Kenneth Jowitt)は、冷戦のフィナーレについて全く異なる解釈を示していた。ジョウィットにとって冷戦の終わりは勝利の時ではなく、むしろ危機とトラウマが始まる前兆であり、彼が「新しい世界の無秩序」と呼ぶものの発端であった。(3) チャウシェスク(Nicolae Ceaușescu)〔共産党政権下のルーマニアの大統領。一九八九年に銃殺される〕の支配下にあったルーマニアのような周縁の共産主義体制が、いかに〔主流の共産主義体制である〕ソ連のモデルを変化させたのかという研究に自らの生涯を費やした、高名な「冷戦の闘士」であるジョウィットは、レーニン主義の終わりが「他の世界にほとんど影響を及ぼさなかった、ある種の歴史的なピンポイント攻撃であった」というフクヤマの主張に異議をはさんだ。ジョウィットの見解によれば、共産主義の終わりは、「破滅的な火山噴火になぞらえられるべきであろう。それは、はじめは直接的には周辺の政治的「生物相」(すなわち他のレーニン主義体制)のみに影響を及ぼすが、その影響は、半世紀の間、政治的・経済的・軍事的に世界を画定しかつ秩序づけてきた国境とアイデンティティに、グローバルなインパクトを及ぼすであろう」[4]。

フクヤマにとって、冷戦後の世界は、形式上の秩序によってまだ束縛されていた。その世界では国家間の国境は持続するが、戦争や紛争を引き起こす権力や誘因はもたらされない。彼は、価値が利益よりも勝る国家、すなわち、当然のようにEUの構造に具体化された超国家という、国家に関するポスト・モダンな考えが広まると想像した。これに対して、ジョウィットははるかに厳しい見解であった。つまり彼は国境が引き直され、アイデンティティが再形成され、紛争が拡散し、また不確実性により身動きが取れなくなると想像した。彼はポスト共産主義の時期を、劇的な出来事は少ししか起きない模倣の時代ではなく、むしろ、ディストピアの体制や突然変異の体制、予測不可能な体制が林立する、苦難に満ちた危険な時代と見なした。フクヤマの想像では、欧州は、前途有望なグローバルでリベラルな秩序のモデルであった。これに対して、ジョウィットにとって、旧大陸は新しい世界の混乱の震源地であった。

ジョウィットは、リベラル・デモクラシーに挑む普遍的なイデオロギーは現れないという点ではフクヤマと意見が一致していたが、ポスト・イデオロギー的な政治の考えについては不安を感じていた。フクヤマは、「世界中のすべての風変わりなメシアがリベラリズムへの挑戦を促していること」や、奇妙な反リベラル思想が「アルバニアやブルキナファソにおいて人々の心に浮かぶこと」について答えるのが自らの任務であるとは考えていなかったが[5]、ジョウィットは意見を異にした。バークレー校のジョウィット教授は、埋もれていた民族的、宗教的かつ部族的なアイデンティティが回帰すると予見した。彼にとって、歴史の終わりは、憤りの時代の前兆を示していた。リベラリズムに立ち向かえる強力な普遍主義的なイデオロギーがなくなったことはそれ自体、革命の終わりを意味せず、むしろそれは普遍性の考えそのものに対抗し、またその考えを擁護する西洋化された世界主義的《コスモポリタン》なエリートに対抗する反乱を引き起こす、と彼は主張した。

ジョウィットは、つながることが容易になりながら、経済的、政治的かつ文化的不均衡が著しい世界においては、われわれは怒りの爆発と、弱体化した国民国家の灰から湧き出る「怒りの運動」の出現に備えなければならないと予見した。ジョウィットは、冷戦後の秩序は、独身者のための社交バーのようなものである、と示唆した。そこには「お互いを知らない多数の人々がいる。彼らは自分たちだけで通じる言葉で、良い仲になり、帰宅し、セックスをし、二度と会わず、お互いの名前も覚えず、バーに戻って別の人と会う。つまりそれは断絶により構成された世界である」(6)。別言すれば、それは経験が豊富なものの安定したアイデンティティと忠誠を確立できない世界である。

驚くことではないが、グローバリゼーションによって引き起こされた不確実性に対して考えられる反応は、人々と国家にとって望ましい境界としてのバリケードの回復である。ジョウィットによる示唆的なメタファーによれば、「バリケードは、ローマ・カトリック教会での結婚である。結婚はできるが離婚はできない」(7)。民主的な体制の行為遂行的な〔表現そのものが当該行為の遂行を意味する〕役割をまさしく変えるのは、一九九〇年代の分断された世界から、今日生じつつあるバリケードで囲まれた世界への移行である。少数者の解放（ゲイ・パレード、女性によるデモ行進、積極的差別是正措置政策）に賛成する体制としての民主主義は、多数者の偏見を強化する政治体制に取って代わられる。またこの転換の推進力は、難民と移民の流入により引き起こされた政治的衝撃である。ロンドンに拠点を置くシンクタンクであるデモス(Demos)による、ブレグジットとドナルド・トランプの大統領選の勝利よりもしばらく前の調査は、リベラルな移民政策への反対が、右翼ポピュリスト政党の支持者の典型的な特徴であることを示した(8)。世論がリベラリズムに反対する方向に転換した理由は、経済危機や社会の不平等が拡大したことよりも、リベラリズムが移民問題に対処しなかったことにあった。リベラルなエリートが、移民について議論したりその帰結に対処したりすることができず、またそのような意思もないことや、さらに現存の政策はいつもポジティブ・サム(すなわちウィンウィンの状態)であるという主張は、多くの人にとって、リベラリズムを偽善と同義語とすることになる。このようなリベラルなエリートの偽善に対する反乱によって、欧州の政治的な展望は根本的に作り直されつつある。

思想の自由な流れが共産主義(かつ、それと共に冷戦)を葬ることに役立ったのと同様に、EUやアメリカ合衆国の国境を越える人々の流れは、冷戦後の秩序を葬った。難民危機は、現代の世界の問題に対処するには、冷戦後のパラダイムが無益であること、とくに冷戦下での制度とルールが無力であることを露呈した。一九五一年の難民条約(正式名称　難民の地位に関する条約)は、この失敗の最も人目を引く一例である。

難民条約は、難民を定義し、庇護が付与される個人の権利と庇護を与える国家の責任の概略を示す、国連で締結された多国間条約である。一九六七年の議定書(難民の地位に関する議定書)により改正された条約の第一条は、難民を次の通り定義する。「人種、宗教、国籍若しくは特定の社会的集団の構成員であること又は政治的意見を理由に迫害を受けるおそれがあるという十分に理由のある恐怖を有するために、国籍国の外にいる者であって、その国籍国の保護を受けることができないもの又はそのような恐怖を有するためにその国籍国の保護を受けることを望まないもの及びこれらの事件の結果として〔議定書では「これらの」以下の文言は除かれている〕常居所を有していた国の外にいる無国籍者であって、当該常居所を有していた国に帰ることができないもの又はそのような恐怖を有するために当該常居所を有していた国に帰ることを望まないもの」[9]。

この国連の条約が、欧州とくに第二次世界大戦の難民と冷戦初期における東側の共産主義諸国から逃れる人々を念頭に考案されたことは明らかである。条約は、決して西洋の外から来る極めて多数の人々を考えて設計されたのではなかった。結局のところ、一九五一年の時点では、世界は未だ欧州の諸帝国により主に構成されていたのである。

この文脈において、欧州における現在の移民〔難民〕危機と、難民条約ではその危機に実効的に対処できないことは、現在の世界を再構成する際にターニング・ポイントの役目を果たす。昨日まで冷戦後の世界として概念化されていたものは、今日では、非植民地化の再来のようにますます見える。ただし、最初の非植民地化によって入植者たちが本国へ帰還することになったとするならば、第二の、すなわち今日の非植民地化の段階は、「植民地化された人々」による宗主国への移動を伴う。半世紀前に、植民地化された人々は、自らの解放の根拠として、欧州が自治を約束したことを主張した。今日、彼らは、欧州において歓迎されるべきであるという権利を擁護するために、人権の保護を要求する。

法律上および実務上の観点から、難民と移民との間に明確な区別を行うことは極めて当然である。結局のところ、彼らは必ずしも同一ではない。移民はより良い生活を望んで自国を離れる。一方、難民は自らの生命をつなぎとめることを望んで自国を逃れる。しかし、大量の人の移動が欧州人の認識に提示する課題の根本的な性質を捉えるのが筆者による分析の主要な点であることから、私は「移民」、「移民危機」および「難民危機」の各用語を互換可能なものとして用いる〔内容に応じて移民(難民)危機と訳している〕。

政治的文脈に大きな違いがあるにもかかわらず、現在は、一九六〇年代の大衆の感情に似ている。不安に駆られた多数派は、外国人が自分の国を乗っ取り、自分たちの生活様式を脅かしていることを恐れ、また現在の危機が、世界主義《コスモポリタン》的な志向のエリートと部族《トライバル》的な志向の移民の共謀のようなものによって引き起こされたと確信している。このような危機にさらされた多数派は、抑圧された人々の願望ではなく、社会的強者のフラストレーションを反映する。それは、一世紀以上前のように民族主義者のロマン主義的な想像に囚われた「人民」によるポピュリズムではなく、世界における欧州の役割が縮小することを示す人口動態上の見通しと、欧州に大量の人々が押し寄せてくるのではないかと予想されることによって煽られたポピュリズムである。それは歴史と先例があまりわれわれの役に立たない類のポピュリズムである。

多くの点において、今日、欧州で極右に投票する人々は、アルジェリア独立戦争の時にアルジェリアを去らなければならなかったアルジェリア生まれのフランス人(*pied noir*)の感情を共有している。双方ともに急進的で、裏切られたという気持ちを共有している。

物議を醸しまた激しく議論されたミシェル・ウエルベック(Michel Houellebecq)の小説*Submission*(『服従』)は、新しいポピュリストによって点火したノスタルジアと諦観が、火炎瓶のように恐怖にさいなまれる欧州に広がって燃え上がるさまを最もよく描いている。⑩小説の主人公フランソワは、四〇代のソルボンヌ大学の教授で独身、電子レンジで温める料理を食べ、女子学生とたまに寝る。彼は友人がおらず(したがって敵もいない)、傾倒するものもなく、また一九世紀のフランス文学以外に興味はない。フランソワはインターネットでポルノサイトを吟味し、セックスワーカーをひいきにしている。また彼は、どのように体制順応主義とポリティカル・コレクトネスが有毒に調合されることによってイスラム主義者がフランスで権力の座につき、フランソワの母国フランスが啓蒙されたサウジアラビアに変容したのかを証言する。ノルウェーの作家カール・オーヴェ・クナウスゴール(Karl Ove Knausgaard)は、この小説について次のように述べた。「事実を客観的に並べ立て、孤独、愛情のなさ、無意味さ……およびわれわれが感情を感じたり他者と親密な関係を確立したりすることができないことを論じていることは明白である」⑪。

しかし、当然のことながら、フランソワの孤独は、ウエルベックにとって文学上の媒体でしかない。『服従』は、イスラム教の台頭に直面する世俗的な欧州の衰退と降伏についての詳細な分析である。つまり、抵抗する意思がなく、闘うリーダーがおらず、また逃れる場所のない欧州についての分析である。フランソワの愛人である二二歳のミリアムは両親と共にイスラエルに向かうが、フランソワ自身は行くあてがない。脅かされている欧州の多数派の苦悩に満ちた想像の中では、移民は、よそ者があらゆる方向からやってくる侵略の一形態であり、もともと住んでいる人が出ていくことは選択肢にはない。この意味で、極右に投票する人は自らをアルジェリア生まれのフランス人よりもはるかに悲惨な人と見なす。なぜなら彼らには戻る場所がないからである。

主張と投票の移動

一〇年前、ハンガリーの哲学者であり、かつて反体制活動家であったガスパー・ミクロス・タマス(Gaspar Miklos Tamas)は、EUというアイディアの知的な起源としての啓蒙思想は普遍的な市民権を必要とする、と述べた。[12] しかし普遍的な市民権は、二つのうちの一つが起こることを必要とする。すなわち人々が、仕事とより高い生活水準を求めて無条件に移動する自由を享受するか、あるいは国家間の莫大な経済的・政治的格差が消滅し、あらゆる場所で人々が等しく普遍的な権利を享受できるか、のいずれかである。しかしながら、これらのうちどちらかが現実となることは、すぐには起こりそうにない。(二〇一四年に、『エコノミスト』(*The Economist*)誌は、新興経済諸国が西洋の生活水準に追いつくためには三世紀待たなければならない、とIMFのデータを基に推測した。)今日の世界では、誰も住んだり働いたりしたいと思わない多くの破綻国家や破綻しつつある国家に多くの人々が住んでいる。さらに、欧州は国境を開放する能力も意思もない。

移民(難民)危機は、リベラリズムに対して、その哲学の中心にある矛盾を突きつける。われわれの普遍的権利は、われわれが不公平に自由でかつ繁栄する社会の市民としてそれら権利を行使するという事実とどのように調和できるのか。個人の生涯収入を最もよく説明する要因は、個人の教育でも両親の教育でもなく、出生地である。最貧国に生まれた子どもは、五歳になる前に死ぬ可能性が五倍高いという証拠がある。乳児期を生き延びたとしても、清潔な水や住まいなど基本的な生活サービスにほとんどアクセスできず、栄養失調に陥る可能性が一〇倍高い。彼らが人権侵害を目撃するかあるいは自らが人権侵害を被る可能性も著しく増加する。自分の子どもにとって経済的に安定した生活を求めるならば、最善の方法は、自分の子どもがドイツやスウェーデン、デンマークで確実に生まれるようにすることである。これは、結局のところ、名門大学の学位やビジネスの成功、または子どもの数が少ないことよりも一層重要である。

アイレット・シャシャール（Ayelet Shachar）〔カナダの法・政治学者〕はその著書 *The Birthright Lottery*（『生得権抽選』）において、（富、安定の程度および人権遵守の実績について一定の水準に達している）国家の一員であることは、われわれのアイデンティティ、安全、幸福度および実際に入手できる機会の範囲に多大な影響を及ぼすと論じている。[13] 彼女の見解によれば、ドイツ人にとって最も貴重な資産は、ドイツのパスポートである。驚くには当たらないが、ドイツ人はインフレーションを恐れるのと同じくらいパスポートの価値の低下を恐れている。すべての資産は、それがあまりにも普及しすぎたりあまりにも広範に共有されたりすることによって価値を失う。この文脈から見れば、裕福な社会における正式な会員の資格は、相続財産としての一つの複合体となる。すなわち、この貴重な特権を子孫に永続的に譲渡し続ける条件の下で、限られた受益者集団に伝えることが法によって認められている貴重な特権である。この相続財産は、権利、福利厚生および機会という極めて重要な価値を束にしている。地球の人口の九七％に当たる六〇億人以上が、出生という抽選によって終身会員の資格を割り当てられ、それを維持することを選択するかあるいは強いられる。

この生得権抽選こそが、リベラル政治の主要な約束に異を唱え、グローバルな問題における移動の中心的な役割を明らかにする。今日の結合した世界において、移民は新たな革命である。それは二〇世紀の大衆の革命ではなく、個人と家族が外部への脱出を余儀なくされて起こる二一世紀の革命である。それはイデオロギーが刻み込まれた輝かしい想像上の未来の描写によってではなく、グーグルマップ上の国境の向こう側にある生活の画像により引き起こされている。移民は、アラン・バディウ(Alain Badiou)〔フランスの哲学者〕のような急進的な理論家によって作り出されたような「仮想上の巨大な大衆という前衛」ではなく、むしろ孤独な革命家である。[14] 彼らは共産党宣言やその他の宣言書を書いたり(読んだり)するわけではない。この新しい革命の成功には、一貫したイデオロギーや政治運動あるいはリーダーシップさえも必要ではない。EUの境界を単に越えることが、あらゆるユートピアよりも魅力的である。非常に多くの今日の「地上の呪われし者たち」(*damnes de la terre*)にとって、変化とは、自国にとどまって政府を変えることではなく、自国を離れて国を変えることである。

一九八一年に、ミシガン大学の研究者が、初めて世界価値観調査を行った際に、国民の幸福度は物質的な満足によっては決定されないことを知り驚いた。[15] 当時、ナイジェリア人は西ドイツ人と同じくらい満足していた。しかし三五年後、状況は変わった。今では誰もがテレビを持ち、インターネットの普及により、アフリカやアフガニスタンの若者はマウスをクリックするだけで、欧州人がどのように生活し彼らの学校や病院がどのように機能しているのかを知ることができるようになった。グローバリゼーションは世界を一つの村にしたが、この村は、ある種の独裁制、すなわちグローバルな比較という独裁制の状態にある。人々は自分の生活を、もはやめったに隣人とは比べない。彼らは自分の生活を地球上の最も裕福な住民と比較する。レイモン・アロン（Raymond Aron）〔フランスの社会学者・歴史家〕が五〇年前に述べたことは的を射ている。「人類が統一に向かうにつれて、諸国民の間の不平等は、階級間の不平等がかつて有していたのと同様の重要性を持つようになる[16]」。

危機と左派

スロヴェニアの哲学者スラヴォイ・ジジェク（Slavoj Žižek）は、難民危機が欧州に与える影響を考える際、エリザベス・キューブラー＝ロス（Elisabeth Kübler-Ross）〔スイス系アメリカ人、精神科医〕による古典的な研究 *On Death and Dying*〔鈴木晶訳『死ぬ瞬間――死とその過程について』中央公論新社、二〇〇一年〕を取り上げている[17]。キューブラー＝ロスは、その本の中で、人が不治の病に冒されているとわかった時にどのように反応するのかに関する、有名な五段階モデルを提示している。

一．否認（「こんなことが、まさか私に起こるはずがない」）
二．怒り（「なぜこんなことが、私に起こるのか」）
三．取引（「子どもたちが学校を卒業するまで、どうか生きながらえさせて」）
四．抑鬱（「もうすぐ死ぬのだから、どうでもいい」）
五．受容（「どうすることもできない。覚悟しよう」）

ジジェクによれば、アフリカと中東からの難民の流入に対する西欧の世論と当局の反応は、これとよく似た形で異なった反応の組み合わせの道をたどる。まず否認であった。「たいしたことではない。ほうっておこう」。次に怒りである。「難民の中にはイスラム原理主義者が隠れており、難民はわれわれの生活様式にとって脅威である。どんなことをしても彼らを阻止しなければ!」。続いて取引である。「よし、割り当てを設けるとともに、彼らの出身国で難民キャンプを支援しよう!」。後に抑鬱である。「われわれは崩壊する。欧州は「ユーロパスタン」(Europastan)〔イスラム化された欧州〕になっていく!」。ジジェクの見解に欠けているのは受容である。この場合には、難民に対処する欧州全体としての一貫した計画を意味するものであったはずである。

権利の普遍的な性質と、国内の文脈で実際に行使されることとの間の矛盾は、難民の流入に直面した左派にとって、現在の危機の核心である。左派の文化的な象徴の一人であるジジェクは、難民危機のピーク時に反動的な潮流を呼び起こした。彼は、「自身の生活様式を守ることは、道徳的な普遍主義を排除しない」として、社会における進歩的な役割を保つために、左派は欧州中心主義に対する何十年にも及ぶ闘いから退かなければならないと主張した。一九七〇年代に、インドの農村共同体の生活様式を守り、グローバリゼーションに抵抗するための彼らの権利を熱心に主張したのは、西側の左派であった。現在では、欧州の生活様式を擁護し、自国で生活してきたように欧州で生活することを切望する難民に抵抗するために、豊かな欧州の共同体の権利を主張するのは、一般的には右派政党である。左派はこの新しい現実にどのように対処するのか、悪戦苦闘している。

欧州の中道左派も、大量移民を経験したこの数年間、選挙によって著しく弱体化したことから、自身のアイデンティティの危機に直面している。社会民主主義政党は、労働者の投票が極右に逃れたことから、ヨーロッパ大陸全土において急速に支持を失っている。オーストリアでは、ブルーカラー労働者の約九〇%が二〇一六年五月の大統領の決選投票において極右の候補者に投票した。ドイツの地方選挙では、ブルーカラー労働者の三〇%以上が、反動的な「ドイツのための選択肢」を支持した。二〇一五年一二月のフランスの地方選挙では、国民戦線が労働者階級の有権者の五〇%の得票率に達した。またおそらく最も驚くべきことは、イギリスのブレグジットの国民投票において、最も反抗的に「離脱」に賛成票を投じたのが、イングランド北部において伝統的に「手堅い」労働党支持の選挙区の人々であったことである。

今日、その前衛的な役割もグローバルな反資本主義革命も信じていないポスト・マルクス主義の労働者階級が、国際主義者である理由はないことは明らかである。民主政治の欧州モデルにとって構造上の基本であった左派右派の分断は、社会の分断を表す力を失った。『プロスペクト』(*Prospect*)誌の元編集者であるデイビッド・グッドハート(David Goodhart)による明快な表現によれば、

> 階級と経済的利益という古の分裂は消滅してはいないが、より大きくて緩やかな分裂にますます覆われている。すなわち、世界を「あらゆる場所」から見ている人々と、世界を「どこかの場所」から見ている人々の間の分裂である。あらゆる場所から見ている人々は、われわれの文化と社会を支配する。彼らは……教育と仕事の成功に基づいた、持ち運びができる「成功者」というアイデンティティを持ち、これにより彼らは新しい場所や人々にもたいてい平気であり、また打ち解ける。どこかの場所から見ている人々は、スコットランドの農民、北イングランドの労働者

階級、コーンウォールの主婦など、集団への帰属や特定の地域に基づき、より地域に根差した生得的なアイデンティティを一般的に有する。これこそ彼らが急速な変化にさらに動揺する理由である[18]。

「あらゆる場所」から見ている人々と「どこかの場所」から見ている人々の間、グローバル主義者と移民排斥主義者の間、また、開かれた社会と閉ざされた社会の間の対立は、有権者の政治的アイデンティティの形成において、かつての階級に基づいたアイデンティティよりも重要になってきた。先のアメリカの大統領選挙後に出版された多くの選挙地図の中で、この点を極めてよく捉えているものがある。トランプが優勢な地域はアメリカ合衆国全域の約八五％を占めていたが、クリントン（Hillary Clinton）が優勢な地域に住んでいた人々は、人口のおよそ五四％であった。これら地域を二つの国と仮定した場合、沿岸地域と都市部によって構成されるクリントンが優勢な地域は一九世紀のイギリスを暗示し、トランプが優勢な地域はロシアやドイツによって統治されるユーラシア大陸に類似することにすぐに気がつくだろう。クリントンとトランプの間の政治闘争は、海洋の力と陸の力、空間の観点から考える人々と土地の観点から考える人々との間の闘争でもあった。このように境界線を引き直すと、とりわけ若い世代の間で反資本主義的な感情が急激に高まっていたにもかかわらず、伝統的な社会民主主義政党が選挙で支持を集めることに絶望的に失敗した理由がわかりやすくなる。国際的な志向を持つ労働者階級の消滅は、欧州の政治が大々的に再編成される兆候を示している。

新しいポスト・ユートピア的なポピュリズムを伝統的な左派右派の軸上に示せないことはもはや驚

くにはあたらない。カトリック教会や古の共産主義とは異なり、新しいポピュリズムには、教義問答式や教授法の熱意などまったくない。新しいポピュリストのリーダーは、自分たちの社会を変革することを夢に描いていない。彼らは人々がどのように変われるのかという観点から人々を想像しない。彼らはありのままの人々を好む。共通のプロジェクトなくして人々に力を与えることが、新しいポピュリズムの野心の的である。その意味では、新しいポピュリズムは、市民が他の何にもまして消費者であり、またリーダーが市民の望みを実現するために素早い行動を期待されるウェイターとして見なされる社会に、まったくもって相応しいのである。

人権と危機

難民危機は、欧州の政治における支配的な言説としての人権の言説の衰えを突如もたらした。「人々は歴史について長期的な視点から想像する」とフィリップ・ロス（Philip Roth）〔アメリカの小説家〕は著書 *American Pastoral* に記している。「しかし、歴史は、実際には極めて唐突である」。人権についての考えがこれを最もよく説明する。人々は、人権運動が人類そのものと同様に古いものであると信じたくなる。しかしながらハーバード大学の歴史家で法学者であるサミュエル・モイン（Samuel Moyn）が説得力をもって論じているように、人権運動の誕生は比較的最近で、一九七〇年代である。さらに、人権パラダイムの流行を適切に理解するためには、われわれは、それが国家中心的なユートピアと、社会主義などの国際的なユートピアの双方の代替物であることを認識しなければならない。

実際に、人権のポスト・ユートピア的な性質が、人権を歴史の終わり、すなわち一九八九年以降の世界にとっての自然なイデオロギーにしたのである。一九九〇年代に、国際社会の世論は、人の権利が出生国を超えることを自明なこととして受け止めた。いわゆる基本的自由に抗いがたい魅力があることは、それが国家の能力から分離しているという事実に根差していた。国家の資源不足は、市民を不当に扱うことの言い訳として通用しないことはわかりきったことだった。スティーヴン・ホームズ(Stephen Holmes)〔アメリカの政治学者〕のような政治理論家の主張、すなわち、権利はコストがかかること、しかも国家の能力を、権利を現実のものとする体制の能力から分離すべしという主張は無視された[19]。しかしながら難民危機の中で、難民と移民に関する論争は、権利と経済状態の議論から安全保障の言説に変容しつつある。政府と国民は同様に、自分たちの道義的責任は、自分たちの援助する能力と、新参者が彼らの社会にもたらすリスクから完全に分離することはできないと主張するようになっている。

このような議論の転換によるゆがんだ影響として、欧州人は、かつては受け入れていたものに対して疑問を呈し始めた。開かれた国境は自由の印ではなく、今や不安定の象徴である。ケリー・グリーンヒル(Kelly Greenhill)〔アメリカの政治学者〕が述べたように、欧州人は次のことに衝撃を受けた。

一九五一年に難民条約が発効して以来、国家と非国家主体により、避難民を政治的な武器として用いようとするグローバルな企てが少なくとも七五件あった。その目的は政治的、軍事的かつ経済的であり、財政支援の提供から全面的な侵略や体制変革の実行支援にまで及んだ。こうした企てを試みた者たちは、このような歴史的な事件のおよそ四分の三において、明確な目的の少なくとも一部は達成した。文書に記録された事例の大半において、彼らは、この国家レベルの非伝統的な手段を用いることにより、経済制裁または軍事的支援を伴った伝統的な強制外交よりもさらに実効的に、自分たちが求めたほぼすべてを達成した[20]。

相互確証崩壊（相互確証破壊という核戦略用語をもじった表現）という世界において欧州人がとくに恐れているのは、移民が圧力の手段としてリベラル・デモクラシーに対抗して用いられる場合には、大成功を収めることが証明されているという事実があるからである。

欧州人が民主主義の広がりを安全かつ繁栄する世界の前提条件と見なす傾向にあったとすれば、移民危機は、今度はその前提に根本的に異議を唱えた。欧州の境界を越えた民主主義への支援は、いわば移民危機による巻き添え被害をもたらした。仮に欧州人が、自分たちの政治制度を輸出すれば脆弱な世界に安定がもたらされると考えていたとすれば、今では彼らは、民主主義の広がりが不安定化への引き金を引きうることについて、ロシアの大統領ウラジミール・プーチンに同意するだろう。形而上学的に可能であるとすれば、多くの欧州人は、リビアの指導者であったムアンマル・カッザーフィー（Muammar Gaddafi）（日本ではカダフィ大佐と呼ばれた）の復活と権力の再掌握に賛成票を投じるであろう。新しい欧州人の総意としては、彼は独裁者であるかもしれないが、招かれざる移民から欧州を守ってくれる独裁者なのである。

このようにして、移民危機は、欧州の政治における左派と右派のバランスを変え、何十年もの間、欧州を支配してきたリベラルなコンセンサスの基盤を掘り崩したのみならず、左派と右派双方のアイデンティティの危機をも引き起こし、ＥＵがその存在を正当化するために用いてきたまさにその主張をひっくり返した。欧州はもはや来るべき世界のモデルとしては行動しない。ＥＵは、今では、少なくともかなりの数の支持者によって、要塞化した大陸にとっての最後の希望として宣伝されている。

寛容に対する反乱

一九九〇年代には、グローバリゼーションは思想、モノまた資本にとっての国境を開放することを意味し、世界を民主化する力として賞賛された。現在はもはやそうではない。早くも一九九四年に、エドワード・ルトワク（Edward Luttwak）〔アメリカの歴史学者〕は、グローバルな資本主義の広がりは、ファシズムへの回帰を引き起こしうると警告した。「今日のターボ資本主義によって生じたファシズム的な傾向を理解するのにゲマインシャフト〔人間が、地縁や血縁、精神的連帯などにより自然発生的に形成した集団〕とゲゼルシャフト〔人間が、特定の目的や利害を達成するために作為的に形成した集団〕のスペリングを知っている必要はない」と彼は記している。[21] 今では多くの者が彼の見解が先を見越していたと支持するだろう。「創造的な破壊」という認識が、グローバリゼーションに関するわれわれの経験のまさに中心にあった。しかし一〇年前に、われわれは「創造的な」の方に着目していたが、今では残念なことに「破壊」が注目されている。

寛容と礼節は、長い間、ＥＵの基本的な特徴であった。今日、それらはしばしばＥＵの中心的な脆さと見なされている。逆説的であるが、寛容に対する反乱は、ポピュリストとリベラル双方の間で人気である。つまり、ポピュリストは、われわれの社会が非白人の人種、文化、および宗教により「汚される」ことによって「褐色化」し、欧州は自らの価値を守ることができず、またそのような意思もないと主張している。一方、リベラルは、ナチス・ドイツの褐色シャツ隊のイデオロギーを共有する人々がますます増えているという意味で、社会が「褐色化」していることを恐れている。

「アイデンティティは、罪のようだ」と故サミュエル・ハンティントン（Samuel Huntington）〔アメリカの政治学者〕は言った。「われわれがどれほど抵抗しようとしても、逃れることはできない」[22]。リベラルで寛容な西洋社会が、アイデンティティ・ポリティクスの最悪の類に落ちぶれうることの証人になることは衝撃である。反リベラルな一九三〇年代の回帰への恐れは、今日の欧州のエリートの間に広まっている。とはいえ、それは（社会学的というよりもむしろ）心理学的な見地からしばしば論じられている。一九三〇年代と一九四〇年代に、幸運にもドイツを離れることができた他国への移住者は、新しい居住国においてもファシズムが現れるのではないかという疑念にさいなまれていた。彼らは権威主義について、ドイツの国民性や階級政治が原因として片づけることに違和感を持ち、またファシストのイデオロギーがグローバルに蔓延するという見通しを心底恐れていた。彼らは大衆の非合理性に取り憑かれていたが、ある者は権威主義を個人の固定的な性質またはある種の個性として考察しようとした。一九五〇年代に、テオドール・アドルノ（Theodor Adorno）〔ドイツの哲学者・社会学者・音楽評論家〕は、「権威主義的パーソナリティ」に関する研究の先駆者となった。これ以降、初期の仮説は大幅に定式化し直され洗練され、権威主義政治の心理学的起源に関する研究は、何度も更新されてきた。しかしながら、このアプローチにはいまだに強い魅力がある。

今日の西洋社会における、心理学的アプローチによる政治変動研究の妥当性は、カレン・ステナー

(Karen Stenner)による二〇〇五年の著書 *Authoritarian Dynamic* が効果的に証明した[23]。同書において、ステナーは、権威主義的な支配を求めることは、固定的な心理の性質ではない、と明らかにする。むしろそれは、個人が脅威のレベルが上がったと察知した際に不寛容になるという心理的な傾向である。ジョナサン・ハイト(Jonathan Haidt)〔アメリカの社会心理学者〕によれば、「それはあたかも人々の額にボタンがあるかのようである。ボタンが押されると、人々は突如として内部の集団を擁護することに熱心に集中するようになり、外国人や非協力者を追い出し、集団内の反対者を根絶する[24]」。またステナーによれば、このボタンが押される引き金となるものは単なる危険だけでなく、「道徳的危機」でもある。すなわち、道徳的秩序を保つことが危うくなり、個人が属している「われわれ」が、ばらばらになりつつあるようだと感じること、または歴史が向かっていると思われる方向に個人が恐れを抱くことである。実験では、人々は移民の数を許容範囲内と判断した場合だけでなく、移民が良好に統合される兆候をみた際に、移民に対してより一層寛容になろうとすることが証明された。

心理学者は、人々が「彼らのうち何人がわれわれの仲間なのか」および「彼らはどれほど進んでわれわれのようになろうとするのか」という問いをいつも考えていると主張する。一方で、外国人の流入を制しきれないと人々が疑いはじめたときに、答えは著しく否定的な傾向を帯びる。個人の具体的な状況よりもむしろ道徳上の秩序の崩壊の恐れによって、外国人および脅威と見なされる他の人々に対する個人の敵対心は誘発される。ドナルド・トランプのような政治リーダーが成功するのは、ある一線が越えられたことをアメリカの有権者に説得できる能力を持っているから、というのが最も適切な説明であろう。同様に、イギリスのＥＵ離脱キャンペーンの勝利の背景には、何年もの間、イギリス人の半数以上が、次の意見に同意していたことがあったためと説明できる。「イギリスは、最近、原形をとどめないほど変わってしまった。イギリスは時に外国のようであり、居心地が悪い」。

優れた戯曲 *Rhinoceros*（『犀《さい》』）〔加藤新吉訳により『イヨネスコ戯曲全集』第二巻（一九六九年、白水社）所収〕において、ウジェーヌ・イヨネスコ（Eugene Ionesco）〔ルーマニアの劇作家〕は、人間の社会が犀の出現に驚いて、一晩で犀の社会に変容する場面を表現している。イヨネスコには、戦前の欧州におけるリベラリズムの危機と、ファシズムおよび共産主義の台頭とを、集団的な狂気により駆り立てられた病的な順応主義として概念化する傾向があった。これに対して、カレン・ステナーは、道徳的秩序の境界を確定する目に見えない境界線の存在を強調する。その一線を越えると、リベラル・デモクラシーの寛容な市民は、怒れる極右の追随者に変わるのである。誰がブレグジットに賛成票を投じるのかについて前もって最も強力に示したのは、死刑に関する立場であったことは示唆的である。死刑の復活を求める人々は、ブレグジットに賛成する可能性が最も高い人々であった〔ＥＵは死刑制度に反対の立場であり、ＥＵに加盟している限りイギリスで死刑を復活させることはできない〕。

この意味では、欧州の政治に難民危機が与えた主要な影響は、それが引き起こした道徳上の混乱、すなわち状況が制御できずに悪循環に陥っているという感覚である。ドイツやオーストリアのような場所でわれわれが二〇一五年に見た、戦争や迫害から逃れてきた難民に対する無数の寛大な行為は、今日、正反対の行為により影が薄れてしまっている。すなわち、一年前は温かく歓迎された外国人こそが、欧州の福祉モデルと歴史的文化を損ない、われわれのリベラルな社会を破壊するだろうという強烈な不安である。イスラムによるテロの恐れと未知の人々に対する漠然とした不安が、欧州の道徳上の混乱の中核にある。二〇一七年一月、世論調査会社 YouGov は、八一%のフランス人、六八%のイギリス人、および六〇%のドイツ人が、今後一年間に、自国で大規模なテロ攻撃が起こると予想していることを調査により見出した。[25] EUの境界に難民や移民がひっきりなしに押し寄せるという将来の見通しは、欧州人が自らの政治システムに寄せていた信頼を蝕んでいる。

しかしながら、移民に対する恐れ以上に、技術変化が独自の不安を生じさせている。野蛮人による侵略に対する懸念は、ロボットによりもたらされる職場の変化に対する懸念と同時に存在する。われわれがその始まりを目にしつつある、技術の進歩によるディストピアの時代においては、人間に残された仕事はなくなるだろう。最近のイギリス政府の研究によれば、今後三〇年の間にEU内の現在の仕事の四三%がオートメーション化されるという。

仕事が特権であって権利や義務ではない時代に、社会はどのように機能するのか。これは非現実的な問いではない。大規模な新規事業支援センターであるYコンビネータは、カリフォルニア州オークランドで、およそ一〇〇の家族の最低生活保障についての実験を行うことをすでに公表した。実験では、最長一年間、彼らに何の条件もつけずに毎月一〇〇〇ドルから二〇〇〇ドルを提供し、人々が生計を立てるために働く必要がなくなった場合に何をするのか調査する。職がない未来という展望は、知的かつ実存的な大きな課題である。仕事がなくなった社会において、人々がどのように人生に意義を見出すことができるのかという問いは、ポスト真実《トゥルース》の政治世界において、民主主義自体がどのように機能できるのか、という問いと同じく差し迫っている。

人口動態上のディストピアにおいて、市民は、過酷な選択に直面する。欧州人は自分たちの繁栄を確保するためには国境を開放する必要がある。しかし国境の開放は、自らの文化的な特殊性を潰えさせる恐れがある。欧州人は、代わりに国境を閉鎖することもできるが、その場合には、全般的に生活水準が急激に低下すること、また、すべての者が身体的な衰弱によって働けなくなるまで働くことが必要になる将来に備える必要があるだろう。

移民による分断あるいは連帯の衝突?

難民危機は、欧州人に対し自分たちの政治モデルに疑いを抱かせただけではない。難民危機は、EUをひどく分断し、一九八九年の後に克服されたはずの東西の分断を復活させてもいるのである。今日われわれが欧州で目撃しているものは、ブリュッセルが連帯の欠如と説明したがるものではなく、むしろ連帯の衝突である。国民的・民族的・宗教的な連帯と、人類としてのわれわれの義務の間に摩擦が生じている。またこの連帯の衝突は、社会の中でのみならず国民国家間においても起こる。

過去一〇年の間、西欧と東欧でのEUへの信頼度の違いを明らかにするには、世論調査を一瞥すれば十分であった。西欧の人々は、概してブリュッセルよりも自国政府を信頼している。彼らがブリュッセルを信頼するのは、自国政府が欧州の針路に影響を及ぼすことができる限りにおいてであることは明らかである。

東欧においては、ロジックは異なっていた。多数の人々は、自国政府よりもブリュッセルを信頼する傾向にあった。彼らは、自国のリーダー以上に能力があり腐敗していないブリュッセルのテクノクラートに望みをかけた。移民危機がこの傾向をひっくり返した。ドイツ人とスウェーデン人は、今では自国政府がＥＵの共通政策を形成できるという確信が持てない。その一方で、東欧の人々は自国政府の能力と誠実さに疑念を抱きながらも、今ではブリュッセルよりも自国政府をより信頼する。人々は、政府がまさに国民の利益となる事柄を擁護しようとしていると見ている。つまり、移民は政治の国家回帰をもたらし、これに付随して東西分断の復活をもたらしたのである。仮に東西分断がかつて実際になくなったことが一度でもあったとすれば、の話ではあるが。

東西分断が果たしてこれまでに消滅したことがあったのかという問いは、近年の研究により、著しく精確な方法において提示された。ドイツ人は、二つの都市の間の距離について、両方がかつての西ドイツあるいは東ドイツのいずれかにある場合よりも、一方がかつての西ドイツに、他方がかつての東ドイツに別々にある場合に過大に見積もった。またこの過大に見積もる程度は、ドイツの統一を懐疑的に見ている人のほうがより大きかった。このことが暗示するのは、欧州の統一が、現実というよりも、はるかなる理想であり続けているということである。また東西分断への回帰こそが、他のあらゆる政治的発展以上に、ＥＵの全面的な、または部分的な解体への恐れを煽るのである。

現実には、今日、欧州が直面するすべての危機は、いずれにせよＥＵを分断する。ユーロ圏の危機は、南北の軸にＥＵを分断する。ブレグジットは中心と周縁の分断に光を当てる。ウクライナ危機は、ロシアへの対応に関して欧州をタカ派とハト派に分断する。しかしながらＥＵ自身の将来の生存を脅かすのは、難民危機の後に再び生じた東西の分断である。

東欧の同情の欠如

「理解に苦しむ」と、ドイツの大統領ヨアヒム・ガウク(Joachim Gauck)は打ち明けたことがある。「かつて市民が政治的に抑圧され、連帯を経験した国が、どうして他の場所から来た抑圧された人々に対する連帯を拒否することができるのか」[26]。中欧の人々がEUを支える基本的な価値観から離れ、他者の苦しみを共有して連帯することをほとんどしないのはなぜなのか。

西欧から見た東欧の人々の行動の恥ずべき点は、難民を排除するフェンスを建てる用意周到さではなく、「この人々には何も借りがない」という主張である。テロ攻撃の度に、メルケル首相の国境開放政策に不満を持つドイツ人の割合が増加することからも、移民は西欧においても世論を二分する問題である。しかしドイツにおいて人口のおよそ一〇%が、庇護申請者の支援を目的とした様々なボランティア活動に参加した一方で、東欧の人々は(比較的少人数の筋金入りのリベラルな人々は別として)、難民の苦境を目にしてもほとんど動じない。これこそ、これら諸国のリーダーがEU加盟国間で難民を再分配しようとするブリュッセルの決定を非難した理由である。スロヴァキアの首相ロベルト・フィツォ(Robert Fico)は、自国がキリスト教徒のみを受け入れる用意があると主張した(スロヴァキアにモスクがないので、イスラム教徒はスロヴァキアで困るだろうと彼は主張した)。ポーランドの与党「法と正義」(反リベラルな右派ポピュリスト政党であり、移民・難民問題や法の支配をめぐってEUと対立する)のリーダー、ヤロスワフ・カチンスキ(Jarosław Kaczyński)は、移民が危険な疾病に罹っている恐れがあるとの理由から、難民の受け入れは公衆衛生上の危険があると警告を発した。ハンガリーの首相ヴィクトル・オルバーン(Viktor Orbán)は、EUの道義的義務は難民を助けることではなく、全般的な治安を保障することであると主張した。オルバーンは、所信表明に従い、二〇一六年一〇月二日に国民投票を実施した。投票した者のうち九八％以上が難民の入国に反対した（有権者の四四％が投票したが、国民投票が有効となるために必要な五〇％には達しなかった）。

衝撃的なのは、難民に対する態度に関して、カトリック国であるポーランドはギリシャ正教国であるルーマニアとまったく変わらず、また、経済的に豊かなチェコ共和国は、はるかに貧しいブルガリアと同程度にしか難民を歓迎していないということである。

難民に対する中欧の憤りは、三つの現実を考慮した場合に特に奇妙に見える。第一に、二〇世紀の大部分、中東欧の人々は移民を送り出すことまたは移民の面倒をみることに熱心だった。一九世紀末と二〇世紀初めには、「西側のポーランド化」に大きな関心が寄せられていたことを思い出せば十分である。これは今日、ドイツの多数の人がイスラム教徒について不安に思うのと同じことである。第二に、中東欧諸国において、実際には難民はほとんどいない。二〇一五年に、スロヴァキアに入国した難民の数は、なんと一六九人にとどまり、そのうち八人のみが滞在を希望した。（ハンガリーのおふざけの芸術家たちにより設立された政党である「二尾の犬党」（Two-Tailed Dog Party）〔大喜びしているさまの意〕のポスターは、ハンガリー人が一生のうち、移民よりもＵＦＯを目撃する可能性の方が高いという興味深い事実について、人々に熟考を求める。）

第三に、悲劇的なアイロニーでもあるが、中欧の経済は移民を早急に必要としている。一九八九年後の相次ぐ国外移住の結果、東欧の社会の人口は減少し、したがって福祉制度を維持するのに深刻な問題に直面している。共産主義体制の終焉以降、二五〇万人がポーランドを離れ、三五〇万人がルーマニアから出国し、またリトアニアの人口は三五〇万人から二九〇万人に減少し、今でも人口は減少し続けている。

　それではなぜ、東欧の人々は難民に対してそれほどまでに冷淡なのだろうか。ブルガリアの事例は特に示唆に富む。バルカン戦争と第一次世界大戦の惨事の後にブルガリアに来た難民の数は、人口の四分の一に上った（ブルガリアは国際連盟の支援により、すべての人に対して食料と避難所を提供できた）。当時のブルガリアは、今日のヨルダンやレバノンのようであり、ブルガリア人はかなりの短期間に極めて多くの人々を統合できたことについて、当然のことながら誇りにしている。

　かつて難民に救いの手を差し伸べたブルガリア人が、今日どうして同じことを行うのを拒否するのだろうか。答えは簡単である。一世紀前に保護を求めた人々は、民族的にブルガリア人であった。今日ではそうではない。ブルガリア人は、かつて同じ民族の人々のために必要と考えていた連帯が、戦争や迫害から逃れてきた他の民族の人々にも広げられるべきであるとは信じていない。実際に、違法に国境を越えてくる難民を自発的に助ける人よりも、今日では「市民による取り締まり」の任務を率先して行うブルガリア人の方が多い。西欧の多くの者にとって、世界主義的《コスモポリタン》な価値観こそが新しい欧州のアイデンティティの中核である一方で、難民危機はまさにEUが基礎としているその世界主義的《コスモポリタン》な価値観を、東欧が脅威と見なしていることを明らかにした。

　難民に対する東欧の反感が多くの者にとって衝撃であったとしても、驚くべきことではないだろう。その反感は、歴史と人口動態、さらに共産主義体制後の移行期のねじれたパラドクスにルーツを持つ。同時にそれはグローバリゼーションに反対する民衆の反乱の中欧におけるバージョンでもある。

　中東欧において歴史は重要であり、その地域の歴史的経験は、極めてしばしばグローバリゼーションの明るい見通しに反する。中欧は、欧州の他の地域以上に、いわゆる多文化主義の利点と、しかしまたその陰の部分にも気付いている。東欧諸国とその諸国民は、一九世紀末にほぼ同時に現れた。西欧においては非欧州世界との遭遇をもたらしたのは植民地帝国の遺産であったが、中欧諸国は、欧州の大陸の帝国であるドイツ、オーストリア＝ハンガリー、ロシアの解体とそれらの後に起こった民族浄化のプロセスにより生まれた。西欧の一九世紀の民族的なモザイク状態は、カスパー・ダーヴィト・フリードリヒ(Caspar David Friedrich)〔ドイツの画家〕の風景画のように概して調和的であったが、中欧のそれは、オスカー・ココシュカ(Oskar Kokoschka)〔オーストリアの画家〕による表現主義の油絵に似ている。戦前期に、ポーランドは多民族、多宗派の国であり、人口の三分の一以上がドイツ人、ウクライナ人あるいはユダヤ人であったが、現在のポーランドは、世界で民族的に最も同質性の高い国の一つであり、人口の九八%が民族的にポーランド人である。彼らの多くにとって、民族的多様性への回帰は、騒然とした戦間期への回帰である。結局のところ、中欧における国民の中流階級の成立を可能にしたのは、ユダヤ人の殲滅とドイツ人の追放であった。またEUが、フランスの国民(ナシオン)の概念(帰属は、共和国の制度に対する忠誠として定義される)と、ドイツの国家(ステート)の概念(強力な州と比較的弱い連邦政府)に基づいて創設されたが、中欧諸国の場合は逆だった。すなわちそれら諸国は、フランス人の憧れである、中央集権化され全権を有する国家と、ドイツ人により支持された、シティズンシップとは共通の血統と共有された文化を意味するという概念とを結合した。フランスの政治学者ジャック・ルプニック(Jacques Rupnik)の見解によれば、中欧の人々は、難民危機の際に彼らに向けられたドイツからの批判に特に憤慨した。彼らは文化的な統一体としての国家のアイディアを、まさに一九世紀のドイツ人から拝借したからである。

しかし、現在の難民に対する中欧の憤りは、その長い歴史のみならず、共産主義体制後の移行の経験にも根差している。共産主義と多数のリベラルな改革の後に続いたのは、シニシズムの蔓延であった。公的制度への不信感のレベルの高さについては、中欧は世界の筆頭にいるであろう。ブレヒト（Bertolt Brecht）〔ドイツの劇作家・詩人〕の作品は、今では学校のカリキュラムの一部ではないものの、ほとんどの東欧の人々は、「われわれが住んでいるこの世界にとって、われわれの誰もがそれほど悪者ではない」[27]というブレヒトの考えをいまだに支持するであろう。移民の流入に直面し経済的な不安定さにつきまとわれて、多くの東欧の人々は、ＥＵへの参加によってすぐに繁栄がもたらされ危機に満ちた生活が終わる、という希望が裏切られたと感じている。東欧の人々は、西欧の人々よりも貧しいことから、自分たちが自発的な人道的な連帯を示すことを一体誰が期待するだろうか、といぶかる。グローバリゼーションに対する東欧の人々の反応は、率直に言って、白人労働者階級のトランプ支持者とそれほど変わらない。彼らは共に、自分たちを忘れさられた敗者と見なす。

難民と移民に対する東欧の人々の冷淡な反応は、欧州のリーダーが大量の移民をウィンウィンのうまい話として述べるのを耳にして、多くの者が感じる裏切りの感覚にも根差すものである。オックスフォード大学の経済学者ポール・コリアー（Paul Collier）は、著書 *Exodus* において、貧困国から西欧への人々の移動は、移民に利益をもたらし、また全体として、受け入れる社会の利益である一方で、移民を受け入れた社会の下層階級の人々と、とりわけ彼らの子どもたちがより良い生活を送る機会に悪影響を及ぼしうることを明らかにする。[28]移民から生じる悪影響をリベラルが認めようとしないため、今日、民主主義体制下の多くの国々の政治生活を震撼させている反エスタブリッシュメント（また、とりわけ反主流メディア）の反発が引き起こされた。

奇妙なことに、人口動態上のパニックは、難民に対する東欧の反応を形成する要因として、最も論じられていないものの一つである。しかし、これは重大な要因である。中東欧の最近の歴史において、国民と国家は不運にも徐々に消滅しつつある。過去二五年間で、ブルガリア人の約一〇％が外国で生活し働くために国を離れた。国際連合の予測によれば、ブルガリアの人口は、二〇五〇年までに約二七％縮小する。「民族消滅」への警鐘が、東欧の多くの小国に見られる。彼らにとって、移民の到来は歴史から自分たちの民族が消えてしまうことの兆しであり、高齢化する欧州は移民を必要とするという通俗的な主張は、自身の存在への憂鬱な感覚を強くするのみである。何十年もの間ひとりも子どもが生まれていない過疎の村で、地元の老人が難民の定住に抗議する場面をテレビで見ると、双方の立場の人間、つまり難民と、さらには自分たちの世界が消えうせていくのを目撃している高齢の孤独な人々に打ちひしがれる。一〇〇年後にブルガリア語の詩がわかる人は残っているのだろうか。

脅威にさらされている多数派の政治において、民主主義《デモクラティック》に関する想像力は人口動態《デモグラフィック》に関する想像力でもある。民族は、全能の神と同様に、死の概念に対抗する人類の盾の一つである。われわれが死後に生き続けることを望むのは、われわれの家族と民族の記憶においてである。孤独な個人は、特定の集団に帰属している個人とは異なった形で死に至る。したがって、人口動態に基づいた想像により、外国人に対する社会の反感のみならず、同性婚のような社会変化に対する否定的な反応も形成されるのは驚くことではない。共産主義後の社会のほとんどは、概してとても世俗的であり性生活についてはかなり寛容である。しかし多くの保守主義者にとって、同性婚は少子化とさらなる人口の減少を意味する。出生率の低下と人の移動に悩まされている東欧の国家にとって、同性愛の文化を是認することは自らの消滅を是認することと同じである。

国境を閉鎖すべきという中欧の人々の要求は、一九八九年の国境開放後に起こった、地域からの流出の影響に対する遅まきながらの反応でもある。よく知られたジョークで、三人のブルガリア人男性が日本の着物姿で帯刀し、ソフィアの通りを歩いている、というものがある。「お前たちは何者だ、何が望みか?」と困惑した群衆が尋ねる。「われわれは七人の侍である。この国をよりよくしたい」「しかしなぜ三人しかいない?」「われわれ三人のみがとどまったからだ。残りは外国にいる」。公式の統計によれば、二〇一一年に二一〇万人のブルガリア人が国外に住んでいた。この数字は、七〇〇万をわずかに超える人口の国にとっては極めて大きい。

国境の開放は、ベルリンの壁の崩壊後にブルガリアの社会で生じた最善でもあり最悪でもある事柄であった。「私は自主的に離れられるもののみを愛することができる」と、東ドイツの反体制派ヴォルフ・ビーアマン(Wolf Biermann)〔ドイツの詩人〕は一九七〇年代に書いた㉙。半世紀の間、ブルガリア人は自由に離れられない国を愛するように求められていたため、国境の開放は当然のことながら歓迎すべき進展であった。ベルリンの壁崩壊から二五年後の世論調査は、ブルガリア人が国境の開放を共産主義体制後の最大の功績と見なしていることを示した。

しかしながら、多数の人々の流出――その大部分は二五歳から五〇歳である――は、ブルガリアの経済と政治を劇的に損ねた。民主的な革命《デモクラティック》として一九八九年に始まった出来事は、人口動態上《デモグラフィック》の反革命運動になった。ＩＭＦは、人々の流出が現在の比率で継続するとすれば、中欧、東欧と南東欧は、二〇一五年から二〇三〇年の間に、予想されるＧＤＰの九％ほどを失うと計算した。こうした地域の企業は専門性を有する労働力の不足を絶えず嘆いている。東欧の医療制度においては、十分に訓練された看護師が奪われている。看護師は賃金の低い母国の病院で専門職に従事するよりも、ロンドンで〔家政婦として〕一つの家庭に仕え、何倍もの収入を得ることを望むのである。ブルガリアの最も優秀な学生の大多数は、ブルガリアの大学に申請さえしない。したがって、ブルガリアの大学は能力と大志を奪われている。ブルガリア人の留学生は、ドイツでは中国人の留学生に次いで二番目に多い。さらに国を離れた人びとのほとんどが帰国を計画するものの、帰国は、言うは易く行うは難しである。人生の早い時期に国を離れた人々は、母国でのネットワークがなく母国の実態への理解もない。彼らは、帰国した際に、期待していたほどには熱烈に歓迎されないことにがっかりする。見えないものは忘れ去られていく。「出ていくこと」があまりにも一般的であるというまさにその事実により、戻ることは魅力のない選択肢となる。「負け組」のみが戻ろうとする、という屈折した感覚がある。

近年、ブルガリア人がどうして相応しくない人々により統治される傾向にあるのかを考える場合、大量の人口流出が原因なのではないかと問わなければならない。国を離れることを決めた人々は、離れた国の改革について全く考えていない。彼は、他者の人生ではなく、自分の人生の運命を変えることに関心を持つ。二〇一三年にブルガリアで起こった大規模な反政府抗議デモは、国境開放のパラドクスをうまく捉えていた。街頭の抗議者は、「われわれは国を離れたくない」と叫んでいたのである。しかし、実際には出国した者もいた。というのはブルガリアをドイツのように機能させるよりも、ドイツに行くほうが簡単だからである。よく知られているブルガリアの冗談は、政治と経済の停滞に対処するのに効果的な道は二つしかない、と説く。一つは〔ソフィア国際空港の〕第一ターミナル、もう一つは第二ターミナルである〔いずれもブルガリアからの出国である〕。

国境開放の最大の受益者は、結局、優秀な個人の出国者、質の悪い東欧の政治家、および外国人嫌いの西欧の政党であった。多くの東欧の人々は、開放的な体制からどれほど自国が実際に利益を得てきたのかについて、二五年後に再考し始めたのである。

ロマ人の統合の失敗も、東欧の同情の欠如の一因となっている。東欧の人々は、すでに自分たちの間にいる「他者」を統合する自分たちの社会と国家の能力を信用していないこともあり、外国人を恐れている。ロマ人の件は、現代の欧州において最も憂慮すべき事柄の一つである。

多くの東欧諸国において、ロマ人は単に失業しているだけではなく、極めて早くに学校から落ちこぼれ、二一世紀の労働市場に必要な技術を取得できないことから雇用に適さない。二〇一六年の末に、欧州基本権機関は、相当のロマ人口がいる九カ国における何千人もの人々への対面インタビューに基づいた、ロマ人の状況についての報告書を公表した[30]。これらはすべて東欧および南欧の諸国であり、そのうち六カ国は旧共産主義国であった。欧州の六〇〇万人のロマ人のほとんどはこれらの諸国に住んでいる。調査によれば、ロマ人の八〇%がただでさえ最低生活水準に達しない生活を送っており、三人のうち一人は水道水がなく、一〇人のうち一人は電気がない。男女の就職率はそれぞれ三四%と一六%であり、一六歳から二四歳の間のロマ人の三分の二が、働いてもいないし学校にも通っていない。ロマ人の子どもは早くに落ちこぼれる傾向にあり、そうでないとしても、ロマ人以外の子どもよりも低い成績にとどまることが多い。欧州のロマ人についての過去の調査では、貧困、失業また不十分な教育について同様の水準を示していた。最近のピュー・グローバル報告書（Pew Global report）を含む、欧州における少数者に対する態度についての世論調査は、ロマ人が、イスラム教徒よりも好ましくなく、またユダヤ人よりはるかに好ましくないと見なされていることを示した(31)。ロマ人の隣に住んでいる（つまりほとんどの場合に、引っ越す余裕がない）一般の市民は、統合されずまた統合に関心を示さないことについて、ロマ人をさらに激しく非難する。

同化困難な少数者に関する様々な経験は合成されたものであるように見える。ギャラップ調査によれば、ブルガリアでは、六〇％がロマ人の統合は不可能であると考え、また過半数はすべての統合政策が失敗する運命にあると確信している。ロマ人はわれわれの間にいるが、われわれの一人には決してならない。ロマ人の統合が失敗したために、東欧の人々は自国が「とにかく〔統合〕できない」と思い込んでいる。また東欧の人々とアジアや中東から来る難民が、西欧の労働市場で頻繁に競争者になってしまうという事実により、東欧の人々は難民の統合政策に全く寛大になれない。これに対して、中欧では、反ロマの感情は、多数派に属する人々が人権のレトリックに背を向ける原因となってしまった。西欧において、人権にまつわる議論が「われわれの権利」のことであるとすれば、中欧においては、それは「彼らの権利」についてである。人権活動家は、多数者の問題を無視し、また被害者という立場を獲得しようという不健全な競争を煽ることで非難される。

しかしながら、つまるところ、東西を分断するのは、世界主義的《コスモポリタン》なものの見方に対する、中欧に深く根付いた不信である。東欧は植民地の歴史がなく、よって罪の意識を持たないが、植民地を持った経験にしばしばつきまとう運命を共有することもない。世界主義《コスモポリタニズム》への現在の憤りは、多くの点において、スターリン主義者に支配された欧州における反世界主義的《アンチコスモポリタン》キャンペーンの成功を思い出させるが、移民排斥主義者の政治リーダーを支持する有権者の熱意の広がりによく示されている。移民排斥主義者の主な強みは、世界に興味がなく、外国語を話さず、外国の文化に興味を持たず、ブリュッセルに近寄らないことである。ポーランドの外務大臣ヴィトルト・ヴァシチコフスキ(Witold Waszczykowski)が、「文化と人種の新しい混合であり、また、再生エネルギーのみを用い、宗教のすべてのシンボルと闘う自転車乗りと菜食主義者により構成される世界」と特徴づけるEU式のリベラリズムへの憤りを表明する時、彼は人々を代弁している。彼の見解によれば、「大部分のポーランド人を感動させるのは伝統、歴史認識、愛国心、神への信仰、および男性と女性から成る正常な家族生活である㉜」。冷戦後の最初の一〇年間、欧州とりわけEUは、リベラリズムが採用したモデルであった。普通の国になることは、東欧の社会の夢だった。西欧が正常であることは、その繁栄、礼節および経済的な成功によって具体的に示されていた。三〇年後、ポスト・モダンの欧州は、多くの東欧の人々から、文化的に異常なものと見なされている。

多様性と移民の問題に関する東西欧州の態度の分裂は、西欧の社会そのものの内部にある、大規模で世界主義的《コスモポリタン》な首都と、そうではない地方との間の分裂に非常に似ている。それらは相互に深い不信感を抱いている二つの世界である。興味深いことに、たとえば、性的少数者への寛容については、世代の違いが極めて鮮明であり、また東欧の若者は親よりもリベラルである一方で、移民の問題に関しては、世代間のギャップはない。若者は年配の世代と同じくらい移民に敵対的である。

オーストリアのユダヤ人作家ヨーゼフ・ロートは戦間期のほとんどの時期、欧州を放浪し、豪華なホテルのロビーを避難所にして過ごした。ロートにとって、そのようなホテルは古のハプスブルク帝国の最後の名残であり、失われた世界からの郵便はがきであり、彼にとって心安らぐ場所であった。中欧の知識人のある者は、帝国の世界主義的《コスモポリタン》な精神へのロートの郷愁を共有するが、中欧の一般市民はそうではない。彼らは彼らの民族国家に安らぎを覚えるが、パリやロンドンを慕いニューヨークやキプロスに資産を持ち、ブリュッセルに忠誠心を持つ人々を信用しない。歴史家トニー・ジャット(Tony Judt)の弁によれば、「当初から、東欧と「中」欧の人々のアイデンティティは、ロシア人でない、ギリシャ正教徒でない、トルコ人でない、ドイツ人でない、ハンガリー人でないなど、一連の否定語により大部分が構成されており、彼らは国家を建設する際に偏狭な地方性という特徴を持たざるを得なかった。(中東欧の)エリートたちは、領域を超えた単位や思想への世界主義的《コスモポリタン》な忠誠心――教会、帝国、共産主義、または、ごく最近では「欧州」――か、民族主義および地方の利益という制限された範囲かのどちらかを選択することを強いられた[33]」。世界主義的《コスモポリタン》であることと同時に、「望ましいポーランド人」、「望ましいチェコ人」または「望ましいブルガリア人」であることは、選択肢にはない。ローマ教皇フランシスコ(Pope Francis)がシリアの難民を受け入れてローマに住まわせた際に、ハンガリーとポーランドのカトリック司教が両国の政府と同様に、反難民の感情を表明したことは示唆に富む。

この世界主義的《コスモポリタン》なものに対する歴史に根ざした疑いと、共産主義と国際主義の間の直接の結び付きこそが、難民危機に対する中欧の過敏性を部分的に説明する。

われわれは、世界主義的《コスモポリタン》な価値観への支持に関する東西の分断を理解する際に、この点について、ナチズムと共産主義の遺産がかなり異なることにも留意しなければならない。ドイツ人の強い世界主義《コスモポリタニズム》は、ナチズムによる外国人嫌いの遺産から逃れる道でもある。その一方で、中欧の反世界主義《アンチコスモポリタニズム》は、共産主義により強要された国際主義に対する反感に根ざしているとも言える。この奇妙な遺産は、多数の人々の経済的および政治的な見解が左派のそれに近くなっている現在でも、世界主義的《コスモポリタン》エリートに対する反感が、ブリュッセルに対する批判のみならず、反共産主義の感情の形態をとる理由を説明する（西欧では、一九六八年は世界主義的《コスモポリタン》な価値観の支持を象徴するが、東欧では民族の感情の再生を象徴する）。

中東欧のポピュリスト政権の態度は、欧州における移民の第二世代による、受け入れ国に対する行動と態度に多くの点において似ている。中欧のリーダーの第一世代では、ヴァーツラフ・ハヴェル（Václav Havel）（チェコスロヴァキア大統領、チェコ共和国初代大統領）のような政治家は、ＥＵへの統合を人生の理想とし、中欧の人々が西欧の人々以上に欧州人になりうることを証明しようとした。しかし新しい世代のリーダーは、欧州の規範と制度を採用するという絶え間ないプレッシャーを侮辱として経験し、自らの正当性をブリュッセルに抵抗する民族的アイデンティティという概念を土台として構築する。

難民危機により引き起こされた東西の分断のパラドクスは、かつては難民に友好的であったドイツ人が、外国人嫌いのハンガリー人に似てきたという点で、両者の態度が収束してきているという現象である。さらに、多くのドイツ人が、一年前に個人的には難民を歓迎したので、今日、彼らは外国人が自分の国に留まることに背を向けても良心の呵責に苦しまない。しかし態度の収束は、〔欧州〕大陸にさらなる団結をもたらしたわけではない。分裂した収束とも呼ぶべきパラドクスは、政治の民族回帰により、東欧の人々がこれまで以上に西欧で外国人のように感じていることである。ブレグジットの結果として、東欧の人々への攻撃がイギリスで急に増加した。他の欧州人への敵意の高まりは、今では大陸全土で見出される。私の知り合いであるウィーンのレストランのオーナーは最近そのことに気がついた。もともとセルビア人である彼は、中東からの難民に対してかなり反感を持っており、彼らを歓迎しようというオーストリア人の考えの甘さについて皮肉を言って楽しんでいた。しかしオーストリア人の態度が変わったとき、多くの現地のオーストリア人が彼のレストランに来るのを止めたのは、彼がセルビア語を話しているのを聞いたからだということに気づいて、彼は驚愕した。

難民危機は、EUが生き残る見込みを判断する上で重要である。なぜならば、それは、各国の国民的連帯の感覚を強化すると同時に、EU全体における「立憲的愛国主義」(constitutional patriotism)〔リベラル・デモクラシーに基づく憲法への政治的支持を重視する考え方〕の展望を暗くするからである。したがって危機は欧州プロジェクトの政治力学における転換点である。それは欧州における民主主義への要求が、自国の政治共同体を擁護する要求に変わり、したがって包容よりも排除を要求するように変わったことを示す。難民危機は、欧州プロジェクトがもはやリベラルな普遍主義ではなく、防御的な偏狭さ《パロキアリズム》の苦い表明として見られることになる動因をも作り出すのである。

第 2 章

かれら人民

They the People

「もし二〇〇五年一月に冷凍保存されたなら、私は幸せな欧州人として仮眠していられただろう」と記した後、イギリスの歴史学者であり欧州で最も卓越した知識人の一人であるティモシー・ガートン・アッシュ（Timothy Garton Ash）は次のように続けた。

欧州連合（EU）拡大により、……冷戦が終結した一九八九年に中欧の友人たちが抱いた「欧州への復帰」の夢が現実のものになろうとしていた（第五次拡大、二〇〇四年に一〇カ国が加盟し二〇〇七年に二カ国が加盟することで完了）。EU加盟諸国は憲法条約、一般的に欧州憲法と呼ばれるものに合意した。ユーロ圏で使える単一通貨をポケットにいれて、シェンゲン協定により、国境管理に煩わされることなく大陸の端からもう一方の端まで旅することができるなど、夢のようであった。

マドリード、ワルシャワ、アテネ、リスボン、およびダブリンは、まるで古い暗い宮殿の新たに開いた窓から日の光を浴びているようであった。欧州の周縁的な位置にあった国々が、ドイツ、ベネルクス三国、フランス、北イタリアを中心とする大陸の歴史的な中核とともにまとまりつつあるように見えた。若いスペイン人、ギリシャ人、ポーランド人、ポルトガル人は、「欧州」によって彼らにもたらされるはずの新たなチャンスについて楽観的に語っていた。欧州懐疑主義で悪名高いイギリスですら、トニー・ブレア首相の下、その欧州の将来を喜んで受け入れていた。そして、ウクライナでは明白に親欧州の立場のオレンジ革命が繰り広げられた……。

もし二〇一七年一月に冷凍保存から蘇生したなら、私はショックのあまり即死したであろう。さしあたり、見渡す限り危機と分裂が見られる。ユーロ圏は慢性的に機能不全であり、太陽に照らされたアテネは惨めな状況に陥り、博士号を有する若いスペイン人はロンドンやベルリンでウェイターとして働く羽目になり、ポルトガルの友人たちの子どもはブラジルやアンゴラに職を求め、欧州の周縁諸国は中核諸国から離れつつある。欧州憲法は存在しない。二〇〇五年にフランスとオランダで続けて実施された国民投票により批准が拒否されたためである……。そして、ブレグジットにより、〔冷戦が終結した〕一九八九年から三〇周年の年に私の欧州市民権は剝奪される見込みである。(1)

この記述は、親ＥＵの欧州人が今日どのように感じているかをよく物語っている。

二〇世紀の欧州では、非民主的な諸帝国は彼ら自身の臣民たちによりもたらされた民主的な圧力の下で分裂した。帝国を破壊したのは民主主義者であり、リベラリストは帝国を救って再建する道を模索していた。一八四八年、リベラリストとナショナリストは、ハプスブルク帝国内では、権威主義的な（しかし民族的には特定されない）中枢への敵対心を共有することによりまとまった同志だった。しかし、一九一八年までには、両者は互いに目の敵になっていた。一八四八年、民主主義者（彼らのほとんどは同時にナショナリストでもあった）とリベラリストは、人民こそが決定すべきであると主張した。一九一八年、リベラリストは大衆民主主義の行く末を不安視しており、その一方で民主主義者は選挙で選ばれないリベラルなエリートによって統治されることをひどく嫌っていた。世界主義的《コスモポリタン》なリベラリストとナショナルな志向をもつ民主主義者との間の衝突は、ナショナリストの勝利とオーストリア＝ハンガリー帝国の終焉という形で決着がついた。

ハプスブルク帝国とは異なり、ＥＵは「民主的な帝国」である。つまり、市民の権利や自由が保障され、民主主義国家のみが加盟できる、民主主義国家が自発的に集まった連邦類似(quasi-federation)のものである。このような相違があるにもかかわらず、民主主義に関する問題が再び欧州の諸問題の中で中心的なものとなっている。ハプスブルク帝国において大衆が民主主義に魅力を感じていた一方、今日のＥＵでは、大衆は民主主義に対する幻滅に襲われている。最近の一般的な欧州の気分は次のようにまとめられる。「多くの人々が民主主義に懐疑的な理由のひとつは、彼らがそうなることが正しいからである」。二〇一二年の「欧州の将来」に関する世論調査では、欧州人のうち、わずか三分の一がＥＵレベルでの投票に意味があると信じており、さらに彼ら自身の国においてですら、投票に意味があると感じるイタリア人はわずか一八％、ギリシャ人もわずか一五％に留まることが明らかになった(2)。

最近の世論調査で判明したのは、過去五〇年間に民主主義がグローバルに普及したことによる逆説的な効果として、民主主義が確立されたと一般的に考えられている北米や西欧の多くの国々において、市民たちが彼らの政治的リーダーに対してより批判的になっているということだ(3)。しかし、それだけではない。市民たちは、政治制度としての民主主義の価値に対してもよりシニカルになっており、彼らの行動が公共政策に影響を与えうるということに以前より希望をもたなくなり、そして権威主義的な代替案への支持を表明することを以前より厭わなくなっている。この調査は「若い世代は民主主義の重要性への関心がより薄い」ということや、彼らが「政治的に関与することにより消極的」であることも示している(4)。

今日、誰が見ても明らかな点として、共通した財政政策によりユーロを支えられるような政治同盟は、ＥＵ加盟諸国が完全に民主的である限り達成しえない。市民はそれを、とてもではないが支持しないであろう。しかし、共通通貨の崩壊は、ＥＵの分断化につながる可能性があるのと同時に、ＥＵの周縁諸国に権威主義の台頭をもたらすことになってしまうかもしれない。過去のどの時代とも異なり、「一層緊密化する連合」〔ＥＵ基本条約前文にある文言で、ＥＵの目標を示す〕と「一層深化する民主主義」という目的は、対立の関係にある。

ポピュリズムという妖怪

二〇〇六年六月、スロヴァキアのロベルト・フィツォ〔中道左派政党の「方向党―社会民主主義」(Smer-SD)の党首〕が選挙で第一党の座を獲得しヤーン・スロタ(Jan Slota)率いる極右・民族主義政党であるスロヴァキア国民党と連立政権を発足させた時、スロヴァキア憲法裁判所は、市民のひとりがその選挙の無効を訴えたことを公表した。原告は、共和国が「正常な」選挙制度を生み出すことに失敗し、それゆえに市民の賢明に統治される憲法上の権利を侵害したと主張した。原告の見解では、このスロヴァキア新政府のような寄せ集めの連立をもたらす選挙制度は「正常」たりえないというのだ。

このたったひとりのスロヴァキア人原告の主張は的を射ている。賢明に統治される権利は、市民の投票する権利と矛盾しうる。これこそがリベラルが民主主義について常に懸念してきたことである。

実際、影響力のある一九世紀のフランスのリベラルな歴史家であるフランソワ・ギゾー（Francois Guizot）の作品に馴染みのある者なら、憲法裁判所に答えを求めたこのスロヴァキア市民の姿にギゾーが生まれ変わったのではないかと疑ったであろう。民主的な統治が欧州プロジェクトにとって破滅的なものになりうるということは、多くの欧州のリベラルにとって共通の懸念事項である。彼らの懸念を、ジョージ・オーウェルの言葉が最もよく言い表している。「人間が先天的に親切でないのと同様に、世論も先天的に賢明ではない⑤」。

現在懸念されることを最も明確に表しているのは、金融危機の最大の犠牲者つまりギリシャに対する欧州のリーダーたちの反応である。高い社会支出を維持し、驚くほどの汚職に苦しむと同時に、到底持続可能といえない、競争力のない経済を抱えて、ギリシャは嵐に襲われたように最悪の事態に陥っていた。実際、ハリケーンのようなものであった。危機前の一〇年には、EU全体の雇用者一人当たりの賃金は三〇％上昇していたが、ギリシャでは八五％という急上昇を見せた。公共部門における賃金上昇はさらに大きく、EU全体での四〇％に対し、ギリシャでは驚くべきことに一一七％と急上昇した。二〇一一年の夏には、ギリシャにとって、経済破綻を回避し、ユーロ圏に残留するための唯一の望みはEUであることは明白になっていた。しかし外部からの支援の対価は、政治的にも人的な観点でも高くつく緊縮財政プログラムということになる。二〇一一年一〇月三一日、ギリシャのゲオルギオス・パパンドレウ（George Papandreou）首相は、EU、欧州中央銀行および国際通貨基金（IMF）が提案した救済案に関する国民投票を実施すると表明した。彼は債権者から求められている改革措置を支持するよう国民に求めた。これはユーロ圏に残留するための対価であった。

しかし、国民投票が実施されることはなかった。首相による国民投票実施の発表の三日後、ベルリンとブリュッセルからの厳しい反発を受け、ギリシャ政府は国民投票を棚上げし、代わりに改革案について議会で採決が行われた。これは「頓挫した民主主義」の痛々しいほどに明らかな例である。西欧のリーダーたちは、国民投票の結果がユーロ圏に住むすべての者に属する通貨の運命に影響を及ぼすならば、ギリシャの市民たちに発言の機会を許すべきではないと確信していた。もっと辛辣に言うならば、債権者によって提供される救済条件に関して、債務者に投票権が与えられるなどということは不条理であると、多くの者は考えた。当然ながら、パパンドレウが率いる政党「全ギリシャ社会主義運動」(Socialists)は次の選挙で敗北しただけでなく、ギリシャ国内の政治勢力としても瞬く間に姿を消した。債権者か債務者かという軸でEU加盟諸国が分断されることは、ユーロ危機の最も破壊的な結果のひとつとなった。

数年後、アレクシス・ツィプラス(Alexis Tsipras)と彼の率いる急進的左派連合スィリザが主導し、二回目の国民投票実施案が浮上した。これは「去勢された民主主義」と言えるだろう。二〇一五年七月五日、国民投票は確かに実施され、(ツィプラス政権が望んだ通りに)圧倒的多数がIMFと欧州中央銀行、欧州コミッションの三機関指導体制いわゆるトロイカによる新たな、三度目の救済のための条件に反対した。しかし、この債権者に対する英雄的な抵抗は一週間しかもたなかった。翌月曜までに、ツィプラスは、彼がついその直前に「犯罪」とみなした政策を実施することに合意し、より厳しい内容の救済策を受け入れた。

ギリシャ危機の暫定的な解決策は、ある基本的な一点において示唆に富んでいる。欧州の共通通貨が生き残るためには、債務国の有権者は、政府を交代させる力を保持しているにもかかわらず、経済政策を変更する権利を剝奪されなければならない、という点である。ＥＵの統治の定式——ブリュッセルにおいては政治なくして政策があり、国家レベルでは政策なくして政治がある——が危機によって強化されていたことが、強い説得力をもって確認された。実際に生じたことを考えれば、ツィプラスとヤニス・バルファキス(Yanis Varoufakis)(二〇一六年七月までツィプラス政権の財務大臣)が回避しようと戦っていたものは、債権者により提案された政策ではなく、むしろそれへの同意に関し自分に責任があるという事態であったことがわかる。福祉国家(welfare state)ギリシャは戦争国家(warfare state)へと変わった。政府は富を再配分することができず、そのため責任を再配分するために居残った。

アテネからの反抗に対処するため、欧州のリーダーたちは厳しい選択を迫られた。ひとつは、ギリシャの債務不履行を許して共通通貨を危険に晒し、ギリシャ経済を崩壊させ、債権者と債務者の政治同盟に連帯の余地はないというメッセージを発信することである。もうひとつは、ツィプラス政権のギリシャを助け、それにより政治的な脅しが奏功することを示唆し、欧州大陸中のポピュリスト政党を鼓舞することである。

このジレンマに直面して、欧州のリーダーたちは第三の選択肢を見出した。それは、他のポピュリスト政府がギリシャの例を決して真似しようと思わないような極めて厳しい条件によって、ギリシャを救済するというものである。ツィプラスは、今ではＥＵの経済政策以外に選択肢がないことを示す生きた証拠である。

合意の影響はすぐに表れると予想された。すなわち、市場が落ち着き、ギリシャ人は自信を失い、混乱し、ドイツ人は依然として懐疑的なままであろうと思われた。しかし、有権者の意思に対する経済的理性の勝利はEUの存続に貢献したのであろうか。それは極めて不明確である。

多くの者にとって、EUの「民主主義」はすぐに市民の政治的無力を表す記号となった。EUの首都であるブリュッセルは、欧州の共通の家という栄光を象徴するよりもむしろ、市場の際限のない力とグローバリゼーションの破壊的な力を示すものとなってしまった。

ギリシャ人は市場の呪いに抵抗することに失敗して絶望したかもしれないが、隣人であるイタリア人は市場の呪いを祝う準備ができていた。二〇一一年秋、シルビオ・ベルルスコーニ(Silvio Berlusconi)のイタリア首相としての最後の行動は、彼を「ばか者」「恥晒し」などと嘲る抗議集団の中を車で通り過ぎることだった。

七五歳の独裁者かつメディア王がイタリア大統領に面会し辞任の意を伝えたとき、大統領宮殿の外の通りは、イタリア国旗を振りながらデモをする人々の詠唱とシャンパン・ボトルのコルクを抜く音で賑わっていた。ある街角では、合唱団が即興のオーケストラとともにレナード・コーエン(Leonard Cohen)の「ハレルヤ」を歌っていた。道の反対側では、お祝いをする人々が並んでコンガを踊っていた。自動車はクラクションを鳴らし、通行人たちは歌に参加した。そこには革命的な瞬間を祝うムードが漂っていた。

しかし、事態はお祝いムードとは程遠いものであった。ベルルスコーニの辞任は「人民の力」による古典的な勝利とはとても言えず、むしろ金融市場の力の明らかな勝利だった。有権者の意思が腐敗し非効率なベルルスコーニの派閥を政権から追放したのではない。命令権をもつブリュッセルの高官とフランクフルトの欧州中央銀行のリーダーシップが金融市場と一緒になって、「ベルルスコーニは退陣」という最後通告を出したことによって、この事態がもたらされたのである。また、ベルルスコーニの後継として「テクノクラート」であり(よって「政治的」ではない)元欧州委員のマリオ・モンティ(Mario Monti)を据えたのも彼らである。ローマの沿道にいた人々が、有頂天になりつつも無力さを感じたのには、もっともな理由があった。ベルルスコーニは追放されたが、危機により分裂したイタリアにおいて、有権者は最も力のある存在ではなくなってしまった。ベルルスコーニ政権の終焉を人々が祝うさまは、戦勝者たるナポレオン軍を歓迎する一七九六年のイタリア人の熱狂に似ている。そのとき、沿道に立つ人々は歴史の主体ではなく見物人でしかなかった。

ギリシャの事例においてブリュッセルは、危機のコストを弱く無防備なギリシャの民衆に転嫁した高慢なエリートの象徴となった。イタリアの場合、少なくともしばらくは、ブリュッセルは不人気な首相を失脚させ、彼が築いた寡頭政治的な体制を打破する、市民にとって唯一の希望であった。EUが正当性を失ったということの本質的原因は、EUの危機が進むにつれ、腐敗した国家エリートに対抗する人々との同盟者としてのブリュッセルの役割がかすんでいったという事実にある。イタリア人はより良い生活を求めて彼らの希望を〔ブリュッセルから〕、ベッペ・グリッロ(Beppe Grillo)の「五つ星運動」のようなポピュリスト的で欧州懐疑主義的な政党へと方向転換した。フランス革命に喚起されたイタリアのナショナリズムがナポレオンへの抵抗に変わったように、ベルルスコーニの失脚を祝ったイタリア人は、今日では反EU政党に票を投じている。

ハーバード大学の政治経済学者であるダニ・ロドリク(Dani Rodrik)は、著書 *The Globalization Paradox*(『グローバリゼーション・パラドクス』)の中で、国内の民主主義とグローバリゼーションとの間に生まれる緊張を処理するための三つの選択肢を提言している。[6] 第一に、われわれは国際市場での競争力を高めるために、民主主義を制限することができる。第二に、われわれは国内の民主的正当性を構築するために、グローバリゼーションを制限することができる。あるいは第三に、われわれは国家主権を犠牲にして民主主義をグローバル化できる。ロドリクが明確にしているのは、われわれがハイパー・グローバリゼーションと民主主義、自己決定権を同時に手に入れるのは不可能であるということである。しかし、それこそがほとんどの国の政府が望んでいることである。そのような政府は国民が投票する権利を保持することを望むが、それらの投票がポピュリスト的な政策を認めることにはまだ覚悟ができていない。労働コストを削減し社会から異議を申し立てられても無視できるような状況を望む一方で、権威主義的な強い支配を公然と支持するような暗い海に入ることも拒否する。彼らは自由貿易と相互依存を支持するが、必要な時(現在のような危機の時)には、国家が経済をコントロールできる状況に戻ることができるようにしておきたいのだ。国家の民主主義、グローバル化された民主主義あるいはグローバリゼーションに親和的な権威主義の中からどれかを選択する代わりに、政治エリートは不可能を可能にするために、民主主義と主権を再定義しようとしている。しかしそれは実行不可能である。すなわち、選択肢のない民主主義、意味をもたない主権、正当性のないグローバリゼーションがもたらされるのである。

最近まではふたつの明確な統治の形態、すなわち民主主義と権威主義との間の競争であったものが、グローバルな金融危機によって、ふたつの見解の間の競争に変化した。すなわち、「代わりとなる政治がない」のである。民主的な欧州では、緊縮財政の「代わりとなる政策がない」という言説が今日の決まり文句になっている。有権者は確かに政府を交代させることはできるが、経済政策を変える力を奪われている。多くのマクロ経済の決定を立憲化すること(たとえば、財政赤字、公的債務の水準)により、ブリュッセルは事実上、選挙を伴う政治の領域からそれらを追放したのである。

ロシアや中国では、「代わりがない」という言説は現在のリーダーを追放することができないということを意味する。支配エリートはより柔軟に様々な経済政策を試すことが可能であるが、ロシアや中国で許されていないのは、権力の座にある者に異議を申し立てることである。そのような国々では、人々は「間違った」リーダーを選ぶことが許されないので、選挙は「良い統治」のために、統制されるか、操作されるか、あるいは禁止されている。

現在の欧州危機における民主主義の役割を評価するために、世論の感情を動かしているのは民主主義への熱望ではなく民主主義の混乱であることを受け入れる必要がある。このことは欧州の政治危機のアナリストを罠に陥れる。ある一面では、一世紀以上前の君主制について妥当であったこと(ウォルター・バジョット(Walter Bagehot)〔イギリスのジャーナリスト〕の「それは、多数の人が理解できるゆえにわかりやすい政府なのであり、彼らは世界のどこであれ、他のどの形態の政府もほとんど理解していない」[7]という考え)は、現在でも民主主義に当てはまる。しかし、民主主義が機能しないという不安はますます高まっている。

民主主義に対する不満(しばしば異なった民主主義を求める形をとる)がいかにＥＵの存続の可能性に影

響を及ぼすかを測るために、われわれは三つのパラドクスを理解する必要がある。第一に、なぜ中欧の有権者は、世論調査によると欧州大陸で最も親欧州的であるにもかかわらず、裁判所や中央銀行、メディアといった独立した機関にあからさまに嫌悪を示す反ＥＵ政党を権力の座につかせようとするのか。これを「中欧のパラドクス」と呼ぶ。第二に、世論調査によると上の世代の有権者よりもずっとリベラルでＥＵに親和的である、西欧の若い世代の政治的参画は、なぜ汎欧州的で親ＥＵ的なポピュリスト運動の出現をもたらさなかったのか。これを「西欧のパラドクス」と呼ぶ。そして第三に、なぜ欧州人は欧州で最も能力主義的な形でエリートとなったブリュッセルのエリートに憤慨しているのか。これを「ブリュッセルのパラドクス」と呼ぶ。

中欧のパラドクス

中欧の旧共産主義諸国では過去一〇年、欧州統合は不可逆的な民主化を保障する主要な要素として広く理解され、受け入れられてきた。欧州の福祉国家が社会の最も脆弱な人々のためのセーフティネットを保障するように、ＥＵは東欧からの新しい民主主義国のための自らのセーフティネットであると信じられていた。ＥＵは、他の加盟国からの社会的プレッシャーや、飴と鞭による政策など、新規加盟国における民主化の後退を防ぐ制度的メカニズムを発展させてきた。しかし、この大きな期待は間違いであることがわかった。ハンガリーのヴィクトル・オルバーンやポーランドのヤロスワフ・カチンスキの選挙での勝利や、ほとんどの中欧諸国での「反リベラルへの転換」により、多くのコメンテーターが、中欧における民主主義の強化のプロセスに対する「ブリュッセル効果」についての見解を翻さざるを得なくなった。

政治学者であるジェイムス・ドーソン(James Dawson)とショーン・ハンリー(Sean Hanley)の見解によれば、欧州統合プロセスとの民主化プロセスの結合は、リベラルな価値観を心から信奉しているわけではない政治エリートが統治する東欧に、日和見主義の民主主義の出現をもたらした。(8) EUがある種のセーフティネットとして機能することの効果は、より重要である。そのセーフティネットは(加盟諸国が無責任な政策を推進させないように)リスクを軽減するが、失望と怒りの表現手段として有権者が無責任な政党やリーダーを支持する動機にもなる。カチンスキが行き過ぎた場合にブリュッセルが彼を制するとわかっているなら、なぜポーランド人は彼のような人物を恐れる必要があるだろうか。逆説的なことに、欧州化と民主化を対にすることは中欧を反リベラリズムの申し子にしてしまった。ハンガリー首相のオルバーンは予言するかのように、「民主主義は必ずしもリベラルであるわけではない。リベラルでないとしても、それでも民主主義国家たりうる」と語った。オルバーンはさらに続けて、「国家形成においてリベラルな原則を基盤とする社会は、今後グローバルな競争力を維持できないであろう。それどころか、本質的な改革がなされないかぎり、そうした社会は後退する羽目になるであろう」と主張した。(9) この文脈では、中欧が反リベラリズムに移行したことは意図せざる結果ではなかった。それは選択であった。この選択を理解するためには、なぜ中欧人がリベラル・デモクラシーに関してそれほど神経質なのかを確認することが重要である。

「ポピュリズムへの転換」は国によって異なるが、それでもなお共通点を見出すことができる。ポピュリスト的感情の高まりは、政治の分極化への回帰や政治がより対立的なスタイルになっていることの兆しである。また、これは政治リーダーが並はずれて大きな役割を担い、政治制度がしばしば信用されない、より個人化された政治への回帰でもある。左派と右派の対立は、国際主義的な人々と排外主義的な人々との間の対立に変わってきている。さらに、それが解放する不安の爆発が、民主主義とリベラリズムの間の距離を乱暴に広げている。しかし、ポピュリズムの鍵となる特徴はエリート主義への敵対心ではなく、多元主義への敵対心である。ヤン＝ヴェルナー・ミュラー（Jan-Werner Müller）〔ドイツの政治学者〕がその著書 *What Is Populism?*（『ポピュリズムとは何か』）で述べているように、「ポピュリストは、彼らが、そして彼らだけが、人民を代表していると主張する…。彼らだけが人民を代表しているという主張は経験的なものではない。それはいつも疑いようもなく道徳的なものである」[10]。ポピュリストはすべてのポーランド人、フランス人やハンガリー人のために闘うことを主張するのではなく、すべての「真のポーランド人」、「真のフランス人」および「真のハンガリー人」のために闘うことを主張する。ポピュリスト政党の選挙における成功は、民主主義を包容のための装置から、排除のための装置へと変えてしまった。

新たなポピュリストの多数派は選挙を、政策選択の機会ではなく、特権的地位にいる少数者に対する抵抗の機会と認識している。欧州の場合、それはエリートと主要な集団的「他者」つまり移民である。ポピュリスト政党のレトリックでは、エリートと移民はお互いを利用してうまくやっている双子のようなものである。どちらも「われわれ」のようではなく、どちらも誠実な多数者をだまして強奪し、どちらも払うべき税を払っておらず、またどちらもその土地の伝統に無関心あるいは敵対的である、と主張する。

政治家に対する国民の根深い不信にもかかわらず、なぜ人々は政府の権力へのあらゆる制約を取り払うことに熱心な政党に投票するのか。この難問こそが、中欧のパラドクスを解明することに役立つ。ハンガリーとポーランドのポピュリスト政府はそれぞれの憲法裁判所を統制すること、中央銀行の独立性を制限すること、独立したメディアや市民社会の組織に対して宣戦布告することを決定した。それは、自分たちの政治家を信用していない人々にとって、憂慮すべき事態であるはずである。しかしそのような予想とは裏腹に、圧倒的多数のハンガリー人とかなり多くのポーランド人は、彼らの政府が行政府に権力を集中させる決定をしても全く気にかけなかった。どのようにして権力分立はその魅力を失ってしまったのか。人々が自由な報道機関や独立した司法を支持することと、真実を歪めると彼らが非難するマスコミや不正で無能と思われる判事たちとを区別できなかったからだろうか。ひょっとすると、国民の視点からすれば、権力分立は公務員の説明責任を維持する方法というよりも、エリートの別の秘策なのか。

リベラル・デモクラシーの本当の魅力は、所有権と政治的多数者による統治権を擁護することのみならず、選挙で敗北した者たちが次の選挙で競うために戻ってくることができ、政権が勝者に奪われている期間、逃亡や亡命や地下潜伏をする必要がないことを保障するなど、少数者の権利を擁護することでもある。この取り決めのほとんど触れられないマイナス面は、勝者にとって、リベラル・デモクラシーは完全で最終的な勝利の機会をもたらさないということである。民主化以前の時代には(換言すると、人類の歴史の大部分では)紛争は平和的話し合いや秩序ある権力の受け渡しでは解決せず、代わりに武力が支配していた。勝利した侵略者や内戦の勝者は打ち負かした敵を意のままにし、好きなように彼らを扱った。リベラル・デモクラシーのもとでは、「征服者」にそのような満足のいく戦利品はない。リベラル・デモクラシーのパラドクスは、市民はより自由ではあるが無力に感じることである。真の勝利を求めることは、ポピュリスト政党の魅力の主要な要素である。「われわれの国は深刻な危機に陥っている」というのはドナルド・トランプが大統領選挙期間中に繰り返した口癖である。彼は「われわれはもう勝利を手にしていない。かつては手にしていたが、今はそれを失った。われわれが最近相手を打ち負かしたのはいつであったろうか。たとえば中国との貿易交渉はどうだったか」とも語った[11]。

ポピュリスト政党の魅力は明確な勝利を約束することである。ポピュリストたちは、(おそらくリベラルが最も大切にする制度である)権力分立を、権力をもつ者に説明責任を負わせる方策として理解するのではなく、エリートが選挙公約から逃れる方策であると理解する人々を惹きつける。権力を手にしているポピュリストを特徴づけているものは、権力間の相互の抑制・均衡システムを壊そうとすることや、裁判所や中央銀行、マスコミ、市民社会の組織などの独立した組織を自らの統制下に置こうとする絶え間ない企てである。

ポピュリスト政党と急進派政党は単なる政党ではない。それらは憲政上の運動でもある。それらは有権者にリベラル・デモクラシーが約束できないことを約束する。それは、多数者(単に政治的多数者だけでなく民族的・宗教的多数者までも)が自らが望むことをできるときの勝利の感覚である。

これらの政党の台頭は、欧州の政治において、一勢力として脅威に晒された多数者の増加を表す。彼らは自分たちの生活へのコントロールを失ったことを、現実か想像かは別にして、世界主義的《コスモポリタン》な志向のエリートと部族的《トライバル》な志向の移民の陰謀のせいであると非難している。彼らはリベラルな考えとリベラルな制度が国民の意思を弱めて、国家の結合を侵食していると非難している。彼らは妥協を腐敗とみなし、熱狂を信念とみなす傾向がある。

不安にかられている多数者を非常に憤慨させるのは、彼らは統治する資格があると信じているにもかかわらず〔彼らはそもそも多数派なのである〕、彼らには最終決定権が与えられていないことである。そこで、彼らは権力分立や他の不都合なリベラル・デモクラシーの原則を、不満のはけ口として進んで非難しようと待ち構えている。また、これらの原則に異議を唱えるポーランドの「法と正義」〔カチンスキ率いる右翼ポピュリスト政党〕やハンガリーのフィデス〔オルバーン率いる中道右派、ポピュリスト政党〕のような政党を容易に支持するのである。

しかし、ポピュリストはリベラル・デモクラシーの制度に対してだけでなく、利益〔選好〕の合理的集計として政治を理解することに対しても反抗する。陰謀説の爆発的増加と「公正かつ不偏」をうたう主要メディアに対する増長する不信は、中欧においてポピュリストが台頭しているときの決定的な特徴のひとつである。アナリストの多くは、この現象をコミュニケーション・テクノロジーの急激な変化という観点から説明したがり、不信感という文化の蔓延をソーシャル・メディアのせいにする。しかし、「フェイスブック効果」ではすべては説明できない。

二〇〇七年、ヤロスワフ・カチンスキ率いる「法と正義」の第一次政権が退いた年に、伝説的なポーランド人映画監督のアンジェイ・ワイダ〔Andrzej Wajda〕による大作映画 *Katyn*〔『カチンの森』〕が封切られた。二時間にわたる映画『カチンの森』は、主に軍将校や文民高官からなる何千人ものポーランド人捕虜がスターリンの命令によりカチンの森で一九四〇年に殺害された事件を扱った物語である。これは実際にはふたつの犯罪に関する映画である。つまり、スモレンスクの森でのポーランド愛国者の処刑と、その後に行われた真実の隠蔽である。

この悲劇に関して戦後のポーランドの共産党政府が宣伝した公式見解は、ナチスがこの処刑に責任を負っていたというものである。しかし、その嘘とともに生きることを決して良しとしないポーランド人たちがいた。映画の主要な登場人物のひとりアニエスカは、殺害された兄のために大理石の墓標を建立しようとする。そこに本当に彼が死んだ年である一九四〇を刻もうとするのだが、それは当時この地域を支配していたソ連だけがその殺人を行うことができたことの証明になる。彼女は陰謀説を拡散したかどで迫害を受けるのだが、彼女は自分が真実を広めていることを知っていたのである。

再び与党となった「法と正義」の党首に復帰したカチンスキは、二〇一五年一二月のスピーチで、ワルシャワの大統領宮殿に彼の双子の弟の記念碑を建てる計画を発表したとき、共産主義者による嘘を鵜呑みにすることを拒んだアニエスカのような人々の後継者になろうとしたようである。カチンスキの弟レフ・カチンスキ(Lech Kaczyński)大統領は、二〇一〇年、彼の乗った飛行機がロシア西部のスモレンスクの軍用空港で着陸時に墜落した際、他の九五人のポーランドのエリート仲間たちとともに死亡した。(歴史の奇妙な展開であるが、彼らはカチンの森事件の追悼七〇周年式典に出席するための旅の途中であった。)ヤロスワフ・カチンスキは、墜落は事故ではなくロシア人らがしでかした犯罪であることと、および当時政権を担っていた「市民プラットフォーム」〔トゥスクらによって結成された中道右派政党〕が政治的または地政学的理由からその真実を隠蔽したことを証明しようと、墜落以降、膨大な時間と労力を費やしてきた。

アニエスカとカチンスキによって提案された二つの記念碑がパラレルの関係にあることは明らかである。しかし、類推はそう単純ではない。一九九〇年代の旧ソ連の公文書の公開により、一九四〇年にソビエトが約二万二〇〇〇人ものポーランド人を殺害したということに疑問の余地はほとんどなくなった(被害者の正確な数に関してはまだ議論されている)。しかし、ポーランドの航空機がスモレンスクで墜落した二〇一〇年四月一〇日の出来事に関しては、何があったのかを検証するのはもっと困難である。したがって、墜落はロシア人によって仕組まれた暗殺ではないか、またはロシアの航空管制官に大惨事の責任があるのではないかという、「法と正義」による疑念を裏付けるような信頼に値する証拠は基本的にない。ワイダの映画では、アニエスカは真実のための記念碑を建てようとする。カチンスキが提案していることはこうした状況とはかなり異なり、陰謀説に対する賛辞である。

カチンスキのスモレンスクに関する真実の追求と、弟の遺産の美化のための闘いは、過去五年、「法と正義」の政治的戦略の中心にあった。カチンスキは毎月一〇日にワルシャワで行われる墜落事故犠牲者のための追悼行進にしばしば個人として参加した。彼は犠牲者を自己の政党への支持を取り付けるための手段として利用した。ポーランド人はカチンスキにますます説得されやすくなっていたようだ。五年前であれば、ほとんどのポーランド人はカチンスキによる事件の解釈を拒絶したし、ロシアによるこの悲劇への対処の仕方に満足さえしていたが、今日では三人に一人が事件をモスクワのせいだとしている。二〇一六年の世論調査では、スモレンスクの事件が隠蔽されたと信じるか否かは、カチンスキを支持する人かどうかを当てる最も有力な指標となっている。

証拠が十分ではないにもかかわらず、そろって政府による隠蔽の存在を信じるのは、なにもポーランド人だけではない。世論調査によれば、中東諸国の人々の半分から四分の三は、二〇〇一年の九・一一同時多発テロ事件でハイジャックされた飛行機がアラブ人により操縦されていたということに疑いをもっている。ロシア人の一〇人のうち四人は、アメリカ人が月面着陸をねつ造したと考えている。アメリカ人の半数は九・一一テロ事件の黒幕に関する真実を自国政府がおそらく隠していると思っている[12]。疑わしい死と精力的な人々が存在するかぎり、陰謀説と陰謀論者は繁栄してきた。学者たちは、大きな社会的変革の時期に陰謀説は最も流行すること、そして陰謀説は複雑で混乱した世界における秩序への欲求を表すということでおおむね一致している。スモレンスクの事件は事故ではないことを「証明」する数十もの報告書[13]は、そうした陰謀説の典型的な例である。それらの陰謀説は、博士論文のように注意深く脚注がつけられ、息をのむような一般化(「国家元首が飛行機事故で死亡するときは常に……妨害工作が仕組まれているものだ」[14])とささいで細かい事項(たとえば、一万個の小さな破片[15]が墜落現場から発見されており、これを爆破の証拠として提示するもの)の両方を駆使して作り上げられている。

しかし今日ポーランドで起こっていることは、それ以上のことを白日のもとに晒している。つまり、ある陰謀説に対する共有された確信が、場合によっては、以前は宗教や民族、または入念に構築されたイデオロギーが果たしていた役割を担っているのではないか、ということである。それは政治的アイデンティティの目印になりえる。このことは、なぜスモレンスクの陰謀説が「法と正義」の政党内で準イデオロギー化したのかを解くヒントとなる。「暗殺の仮説」はある種の「われわれ」を結束させるのを手助けした。政府の嘘を信用しないわれわれ、世界が実際にどのように動くのかを知っているわれわれ、一九八九年革命の約束を裏切ったとリベラルなエリートを非難するわれわれ、という具合である。スモレンスクの事件の陰謀説はカチンスキが政権復帰するために決定的に重要な意味をもった。その陰謀説が、ポーランド人がさまざまな事件に関するいかなる公式見解にも抱いてきた根深い不信感の鉱脈を掘り当て、また、歴史の被害者という自己イメージに合致したからである。しかし、陰謀説の浮上は、ＥＵ仕様の民主的政治のもうひとつの主要な脆弱性を照らし出すことになる。すなわち、政治的アイデンティティを構築できなかったということである。

一〇年前、イギリスの世論調査会社 YouGov が政治マニアの集団とリアリティ番組ビッグ・ブラザー〔一つの家に一四人の男女を住まわせビデオカメラで二四時間監視し、週に一度ずつ出場者の投票で「出て行って欲しい人」を二人選出し、最終的に視聴者の投票で一人が脱落させられ、最後に残った優勝者が多額の賞金を獲得するというテレビ局ＣＢＳのリアリティ番組〕に積極的に参加する若者の集団との比較調査を実施した[16]。その悲惨な調査結果は、イギリスの市民はビッグ・ブラザーのシェアハウスの中での方が、より自分自身が代表されていると感じるというものだった。彼らにとっては、そこで議論されている人物や考えと自分を同一視する方が簡単だったのである。彼らは、リアリティ番組はより開放的で、率直で、彼らのような人々を代表していると感じたのである。リアリティ番組の形式は、彼らに自分たちに力があると感じさせた。本来は民主的な選挙がそのように感じさせるものであるはずだが、実際はそうではない。ポピュリスト政党によって提示される政治的アイデンティティは、リアリティ番組によって形成されるアイデンティティと実際にはそれほど違わないのである。両者とも、利益を代表するというよりは主に世の中での類似の経験を確かめるものである。

したがって、ポピュリストがEUを嫌悪することは、欧州各国において、より偏狭であるが文化的により深層にあるアイデンティティが再び頭をもたげることに等しい。この動きはEUの政治をより包容的でなく、おそらくよりリベラルではない、政治的共同体なるものへと動かしていくだろう。左派・右派という明確な分断は、フランス革命以来、欧州の政治を規定してきたが(フランス革命時に開催された国民公会で議長席から見て右側が穏健派のジロンド派、左側が急進派のジャコバン派だったことから、右派は保守派、左派は急進派・改革派となった)、徐々に不鮮明になってきている。一九二〇年代および一九三〇年代以来知られてこなかったような種類の右翼ポピュリズムの興隆にともない、現在、労働者階級は明確に反リベラルな政治家たちに惹きつけられる傾向にある。脅威にさらされた多数者(すべてを持っているがゆえにすべてを恐れる者)が、欧州政治の主要な勢力として登場しつつある。形成されつつある反リベラルな政治的コンセンサスは極右に限定されない。それは欧州の主流派自体の変容を引き起こす。欧州を脅かすのは過激派が言っていることではない。本当の脅威は、主流派のリーダーたちが、特に、多様性は欧州にとって良いことである、ともはや言わなくなったことだ。

脅威にさらされた多数者は今日、自分たちがグローバリゼーションの敗者になりつつあるという、心からの恐れを表明する。グローバリゼーションは先進国の外での多数の中間層の台頭に貢献してきたかもしれないが、第二次世界大戦後の欧州における中間層の社会の経済的・政治的基盤を侵食している。この意味で、新しいポピュリズムは今日の敗者ではなく、将来、敗者になると見込まれる者を代表しているのである。

親EUの中欧における反リベラリズムの興隆は、ほとんどのEU加盟国における親EUの多数派の存在がEUの崩壊を回避する安全装置ではないということを理解するのに役立つだろう。さらに、ポピュリスト政党の台頭が欧州プロジェクトの存続にとって危険になるのは、それらが欧州懐疑主義の政党だからではない。そのいくつかは実際どうみても懐疑的ではない。EUが依拠している土台としての立憲的リベラリズムの原則や制度に対する反抗が、欧州プロジェクトの存続を危うくするのだ。

西欧のパラドクス

european-republic. eu〔欧州共和国を目指して立ち上げられたウェブサイト〕をクリックすれば、一般市民による新しい世界主義的《コスモポリタン》革命がどのようなものであるかを垣間見ることができるだろう。革命論者は、人々は欧州を望んでいるが、今日存在するようなEUを望んでいるのではないと考える。彼らの見解では、自分の家とはパスポートに印刷されている国籍とはほとんど関係なく、現在住んでいる場所にのみ関係している。それゆえ、国家自体が、真に統一された欧州というものにとって主な障害なのである。

「欧州共和国」のウェブサイトはカリスマ的なドイツの政治学者ウルリケ・ゲロット(Ulrike Guerot)によって立ち上げられた。それは、反現状維持でありかつEU推進派でもある政治的プラットフォームを構築しようとする数多くの試みのひとつである。それは旧来の連邦主義者たちが描いた夢の刷新版ではなく、人形使いに操られる官僚政治ではない、民主政治としてのEUを想像する試みである。欧州共和国の推進者は親欧州派の若者の政治的エネルギーを動員して、汎欧州運動を一気に加速化させることを望んでいる。しかし、世界主義的《コスモポリタン》志向の若い世代を動員しようとする欧州共和国の構想が、今日、政治的影響力を持つ可能性は極めて少ない。

公共生活の民主化や、ますます世界主義的《コスモポリタン》になる若い世代の登場が、なぜ欧州を支持する勢力に変換されないのかということが、西欧のパラドクスの核心である。ブレグジットの国民投票を見れば、年齢と教育が人々の投票行動を決定する主要な要因であることがわかる。より若く、より高学歴な人々が「ＥＵ残留」に投票した人々の中心であった。二〇〇八年の金融危機の後、若い人々がソーシャル・メディアやその他のメディアを通じて政治に関わりをもったり、影響力をもったりするようになっていたことが明らかになった。ブリュッセルが好む緊縮財政政策に対する政治的抗議は、欧州諸国のほとんどの首都で毎日のように行われた。複数の外国語を操り、ＥＵ内のどこにでも居住したり働いたりする自由を評価し、公正と正義のために闘う用意のある若い世代は存在している。それはソーシャル・メディアによって突き動かされる、ネットワーク化された世代でもある。この世代のイデオロギーと政治的潜在能力を知っていれば、「エリートの欧州」に「市民の欧州」を対峙させるような汎欧州運動が発生することを期待するのは当然のことである。ではなぜそのような運動が全くもって発生しなかったのか。

〔ネットワークで〕繋がった世代がより強固なＥＵを支持するために、国境を越えて実効的な政治運動を立ち上げることができなかった原因を理解しようとするなら、ソーシャル・メディアの政治的分析において最も洞察力のあるひとりであるゼイナップ・トゥフェックチー（Zeynep Tufekci）〔トルコ人著述家、社会学者〕の研究結果は熟考する価値がある。トゥフェックチーはマサチューセッツ工科大学のメディア・ラボで、エベレスト山頂のすぐ下にあるヒラリー・ステップ〔世界最高峰エベレストの山頂近くにある有名な岩盤〕の写真を使って最近の問題に関する話を始めた。四人がエベレストで命を落とした日に撮られた写真は、山頂に続く道幅が狭いため他の登山者が登頂を終えるまで待つことを要求されるので、著しい過密状態によりエベレストが登山者にとって危険な場所になっていることを示している。

新しい技術やシェルパ〔ヒマラヤの麓に住み登山者の道案内やポーターをつとめるシェルパ族〕の利用により、熟練した登山家ではないますます多くの人々がエベレストに押し寄せている。フル・サービスの旅行(大枚六万五〇〇〇ドル)では、申込み客はベース・キャンプと山頂まで連れて行ってもらえる。しかし、ガイドはまだ登山者たちを登頂させるために十分な準備をさせることはできない。人々はリスクを減らすために、海抜九〇〇〇メートルにそびえ立つヒラリー・ステップに梯子をかけることを提案してきた。しかし、根本的な問題は梯子がないことではなく、そのような標高の高い場所で歩行することの著しい困難さなのである。山岳協会は、妥当な解決策を提案している。つまり、エベレストに挑戦しようとする人々に対して、事前に他の七つの高い山に登頂することを求めるというものだ。

これがトゥフェックチーの提示する、インターネットが可能にした活動との類似点である。インターネットと集団行動の関係について議論するとき、政治コメンテーターは通常、調整とコミュニティ構築のための機会の増加に焦点を当てる。しかし、トゥフェックチーの見解では、インターネットの素晴らしさは、実効的な政治運動を生み出すときの災いにもなる。社会運動は、経験のない登山者が非常に高い標高に十分に順応することなくベース・キャンプに行くことと同様に、インターネットの恩恵が副作用として多大なハンディキャップをもたらしうることを示している。その結果として、われわれはますます多くの運動を目にしているが、それらは運動期間のあまりにも早い段階で世間の注目を集めるため、影響力ないし持続性をもたなくなるようなのである。トゥフェックチーによると、彼らは代表する能力を発展させる必要がかつてなかったし、肯定的な課題を構築するというよりも否定的なことについてまとまっただけなので、運動は、「ノー」という声が出れば終わってしまう。

抗議運動に関する私自身の研究は、トゥフェックチーの結論を支持する。自然発生的なものに魅せられ、水平的なネットワークによる政治を夢見て、「怒れる人々」（債務危機に苦しむスペインで自然発生的に広まった若者主体の非暴力デモ）や「ウォール街を占拠せよ」（二〇一一年九月一七日からウォール街において発生した、アメリカ経済界、政界に対する一連の抗議運動）、欧州における他の反緊縮財政運動などの新しい社会運動は、一定期間、抵抗する市民の力を示すことには成功した。しかし、それらは政治的影響力を維持できなかった。抗議者たちの反制度的文化やあらゆる特定のイデオロギーの拒絶は、それらを意味のないものにしてしまった。人々はツイートで革命の火ぶたを切ることはできるかもしれないが、ツイートして政権を樹立することはできないのだ。（ドナルド・トランプでさえ共和党という装置が必要だった。）これらの抗議運動が忘れられないでいるのはビデオのおかげであり、マニフェストではない。ハプニングのおかげであり、演説ではない。また陰謀説のおかげであり、政治パンフレットではない。それらの運動は代表なき参加の形態をとっている。したがって、若者による反緊縮財政運動から生まれた団体のうち、重要な政党になったのは二つのみ（ギリシャの「スィリザ」とスペインの「ポデモス」）だが、これらが抗議者による水平的な夢にほんの少ししか似ていないということは、偶然ではない。両者はその政治的組織化においては伝統的であり、その成功の鍵は、各政党のリーダーであるアレクシス・ツィプラスとパブロ・イグレシアス(Pablo Iglesias)の人気に大いに依存している。

一連のアポリアが存在することがはっきりしているように思われる。抗議する市民は変革を求めるが、あらゆる形態の政治的代表に憤っている。そのような市民は、自らの社会変動論をシリコンバレーの広告コピー("Disrupt")に基づかせ、破壊(disruption)を評価し、政治的青写真を嘲笑する。政治共同体を切望するが、他者に指導されることは拒否する。警察と衝突する危険を冒すが、政党または政治家を信用する危険を冒すのを恐れる。欧州の新しい社会運動を研究しているロンドン大学(LSE)のメアリー・カルドー(Mary Kaldor)によれば、これらの運動は国境を越えたアイデンティティを有し、異なる出身国の抗議者たちは互いに常にコンタクトを取る状態にあるが、欧州という概念やEUの現実性は、草の根の活動家の情熱や関心からほぼ完全に抜け落ちている。自発的な行動はローカルな傾向をもっている。

代表なき民主主義という概念は、EUの将来に関するあらゆる真剣な議論をほとんど不可能にしてしまう。統一した欧州は代表なくして存在しえないのだ。しかし、若い親EUの活動家の妥協のない反制度的な精神は、連合した欧州を不可能にする。さらにより気がかりなことは、親EUの若者たちの政治的動員が、民主主義の思想と国家主権の思想を強く結び付けるスィリザやポデモスのような政党の出現に結びついていることである。これらの政党は、親EUの若者により構成されるが、しばしばブリュッセルに反対することを土台にその正当性を作り上げる。親欧州派の人々がそれらを若者の政党と認識しているという事実は、それゆえに次のような三つの理由から脆弱性につながっている。第一に、若い有権者は欧州では少数派でありどんどん少なくなっている。第二に、若い活動家が政治に熱中していたとしても、若者は一般的には選挙に行く習慣がない。また第三に、若い有権者の支持を得ることで、リベラルな政治家は今日直面している問題は古い世代がいなくなれば消滅すると信じるようになっている。これは重大な思い違いである。

ブリュッセルのパラドクス

「私は母国ではペルソナ・ノン・グラータ〔好ましからざる人物の意。外交上の用語〕である。多くの国民はわれわれが直面している危機と彼らの個人的な難事を私のせいにして責める」。辛辣なギリシャの前財務大臣ジョルゴ・パパコンスタンティノウ(George Papaconstantinou)が回顧録で語った一節である(17)。「私は、音楽が止んだとき、照明をつけて、皆にパーティーが終わったことを告げた者だった……。その結果、私は何年もの間、ある種の奇妙な「自宅軟禁状態」におかれている。外出することが危険なスポーツになったのだ」。パパコンスタンティノウは、何十年もの間、国民の目の届かぬところで汚職を働いていた腐敗したギリシャの政治家の一人ではない。彼は政治的権力を金銭に変えた超富裕層でもなければ、二〇世紀、ギリシャを支配してきた政治エリート一家の一員でもない。彼は一般家庭の出身で、良い教育を受け、ギリシャ社会で出世した欧州の能力主義者(meritocrats)の典型的な一人でしかない。彼はゲオルギオス・パパンドレウ政権に加わるよう招かれたが、それは、彼のイデオロギーではなく能力と誠実さが評価されたからであった。しかし、彼はギリシャで最も憎まれる人物の一人になってしまった。

なぜパパコンスタンティノウや欧州大陸全土にわたる他の能力主義的な努力家たちは、世界の複雑さが、彼らの専門的なスキルと職人魂をこれまで以上に必要とすることを示唆する時代にあって、それほどまでに忌み嫌われるのか。なぜ自分の子どもを世界の名門大学に進学させようと一生懸命に働く人々が、まさにそのような大学を卒業した人々を信用することを拒否するのか。ブレグジット推進派の政治家であるマイケル・ゴーヴ(Michael Gove)が言ったように、人々は「専門家に飽き飽きしている」というのははたして真実なのか。

昨今ではEUの危機を、EUの民主主義の赤字かその世界主義的《コスモポリタン》性質のいずれかの観点から議論することが流行している。しかし、本当にその核心にあるのは、能力主義的な社会のビジョンが危機に陥っていることである。そのことを最も典型的に表しているのが、能力主義的なエリートへの不信感の高まりである。エリートが国内と国外双方で正当性を持つことができるかどうかは、欧州プロジェクトの行方を左右する重要な問題である。われわれは、能力主義者が身近な富豪や腐敗しきった人々とは程遠いにもかかわらず、なぜそれほど信用されていないのかを理解する必要がある。

能力主義すなわち最も才能と実力がある者が指導的立場に就くというシステムが金権政治、長老政治、貴族政治、およびおそらく民主政治(多数者による支配)よりも好ましいことは明らかに思われる。しかし、われわれが今日目撃していることは、まさにこの社会のビジョンに対する不信任投票である。欧州の能力主義的エリートは、憤慨したポピュリストが、人の意見に耳をかさずにおろかであることや、一般市民が錯乱していることによってのみ憎まれているのではない。二〇世紀の半ばに「能力主義」(meritocracy)という用語を生み出したイギリスの社会学者マイケル・ヤング(Michael Young)は、事態の変化には驚かないであろう。(18) 彼は、たとえ「能力主義」がほとんどの人々にとって聞こえがいいとしても、能力主義的な社会は不幸であろうと説明した最初の人物であった。能力主義は自己中心的で傲慢な勝者と憤慨して自暴自棄になった敗者による社会を作りだすことになる。それは不平等な社会にはならないが、成果の違いによって不平等が正当化される社会になる。ヤングの理解では、能力主義の勝利は政治共同体の喪失につながることになる。

アナリストたちはブレグジットの国民投票を後から振り返って分析するとき、しばしば、結果を決定づける鍵となったボトムアップ型の原動力のひとつが、「有権者の構成と態度のゆっくりだが絶え間なく続いた変化、つまり中間層および社会的にリベラルな大卒者の優位性の高まり」であることに同意する。[19] 一九六〇年代、イギリスの有職者の半数以上は肉体労働に従事しており、大学資格を有するのは有権者の一〇％未満だった。二〇〇〇年代までに、労働者階級は職のある有権者の約五分の一にまで縮小していて、有権者の三分の一以上が大卒者であった。突然、誰も労働者階級には興味を持たなくなった。ブルーカラー労働者がその政治的重要性を失っていなかったことは確かなのだが、アナリストたちは彼らを学問的には興味をひかれない集団として見るようになった。他方で、劇的に増加した大卒者は、かなりリベラルな傾向にあるが、彼らとその他の労働者階級との間に文化的ギャップが生じた。移民は二つのイギリス人集団が対立する争点となった問題である。教育は、一世紀前に進歩主義者が望んだような、より強固な社会的団結をつくりだす装置になる代わりに、分断の原因となってしまった。

能力主義者を、特に社会経済的な競争で上位に上がれなかった人々にとってそれほどまでに鼻持ちならない存在にしているのは、能力主義者の学歴よりも、自分たちは他者よりも努力し、他者よりも専門的な資格を多く取得し、他者の失敗した試験に合格したから成功したのだ、という能力主義者の主張である。

欧州では、能力主義的エリートは、報酬目当てのエリートである。彼らは、欧州大陸中の最も成功しているクラブチーム間で取引されるサッカーのスター選手とまったく同様に行動する。能力主義的エリートはデイビッド・グッドハート〔イギリスのジャーナリスト。三七頁参照〕による「どこからでもくる人々」の定義に完全に当てはまる。成功したオランダ人の銀行家はロンドンに移動する。有能なドイツ人の官僚はブリュッセルに向かう。ＥＵの諸機関や銀行は、サッカーのクラブチームのように、最高の「選手たち」を獲得するために巨額資金を投じる。

しかし、これらのチームが負けはじめたり経済が減速したりすると、ファンは直ちに「選手たち」を見限る。その理由は主に、互いに勝利を祝うことを超えた「選手たち」とファンの間をつなぐ、人間的な関係というものが存在しないからである。彼らはファンと同郷ではないし、共通の友人もいなければ、共有する思い出もない。選手たちの多くはチームが拠点を置く国の出身ですらない。雇われたスターは、尊敬されることはあっても、同情される訳がない。能力主義的エリートから見れば、母国の外での成功は彼らの才能の証なのである。しかし多くの人々から見れば、まさにこの流動性こそが能力主義的エリートを信用しない理由なのである。

人々がリーダーに対する信頼を深めるのは、彼らの能力、勇気、献身のためだけではない。彼らが危機の時に、最も近い非常出口に駆け込むのではなく、むしろ自分たちを本気になって助けてくれるだろうと感じるからでもある。逆説的なことに、人々に彼らを疑わせるのは、現在のエリートの「移動可能な能力」、つまり彼らがブルガリアやバングラデシュで銀行を経営したり、アテネや東京で教鞭をとったりするなど、それぞれの国に適応できるという事実である。人々は、問題が生じた時に、能力主義者がその国に留まるコストを自分たちと共有する代わりに、その国を離れるという選択をすることを恐れる。この意味では、能力主義的エリートは土地所有の貴族政治エリートと対照的である。土地所有の貴族政治エリートは、彼らの地所を守ることに専心し、逃げ出したい場合でも、彼らは地所をもって行けない。能力主義的エリートはまた、共産主義エリートとも対照的である。共産主義エリートは常により良い所有物をもち、より良い医療を受け、より良い教育を受けていた。しかし、彼らがもっていなかったものは、その国を離れる権限であった。共産主義社会では、エリートよりも常に一般の人民の方が外国に移住することは容易であった。プリンストン大学の歴史学者であるスティーヴン・コトキン（Stephen Kotkin）によれば、グローバリゼーションと欧州統合の時代の能力主義的エリートが「忠誠心のない」エリートである一方で、共産主義のエリートは「出口のない」エリートであった。

伝統的な貴族政治エリートは義務と責任をもち、それらを果たすように育てられた。城の壁にずらりと飾られた肖像画から彼らをじっと見つめる代々の先祖が、かつて同じ義務を果たしてきたという事実は、彼らがそのことを深刻に受け止めざるを得なかったということを意味している。たとえばイギリスでは、第一次世界大戦での戦死者の割合は、上流階級の若者の方が、下層の若者よりもはるかに大きかった。それとは対照的に、新しいエリートは統治するように訓練されているが、犠牲を払うことは教えられていない。彼らの子どもは決していかなる戦争でも戦死することはなかった（戦地に赴くことすらなかった)。新しいエリートの性質や流動性は、彼らの出身国から彼ら自身を実質的に独立させている。彼らは自国の教育システム(彼らの子どもは私立学校に通う)や国民医療サービス(彼らはより良い病院にかかる経済的余裕がある)に依存しない。彼らは共同体の感情を共有する能力を失くしている。人々は、このエリートの独立性を市民の力の欠如として経験する。能力主義的エリートは極めて固く結束しているが、そのネットワークは水平的なものである。ブルガリアのソフィアの一流のエコノミストはスウェーデンの同業者と親密であるが、官僚登用試験に落ちた同国人については知りもしないし関心もない。彼はそうした人々から学べることはないと断固として考えているのだ。

そうであれば驚くことではないが、欧州の新しいポピュリズムの魅力の中心は忠誠心、つまり民族、宗教、あるいは社会集団への無条件の忠誠心である。ポピュリストは、人々を能力のみによって判断しないと約束する。彼らは正義とまでは言わないまでも連帯を約束する。能力主義的エリートが理想の社会を、通りで喧嘩をするような脱落者たちに対して仲間のために闘う「A」評価の学生たちばかりの学校として描くのに対して、ポピュリストは、単に皆が助けるに値するという理由だけでなく、皆が共有するものがあるという理由から、構成員が互いに助け合う、家族としての社会像を支持する。

ポピュリストの挑戦のまさに核心には、エリートの性質と義務をめぐる対立がある。一世紀前と異なり、抗議運動を率いる今日のリーダーは、産業を国有化することには興味はなく、代わりに、エリートを国民が支配することを約束する。彼らは、国民を救済することは約束しないが、国民とともに国にとどまることを約束する。彼らは、グローバリゼーションによって取り除かれてしまった国家的かつイデオロギー的な制約を再構築することを約束する。彼らは、人々が外国語を話さないことや海外のどこにも行くところがないことを褒めそやす。つまり、ポピュリストが有権者に約束することは、能力ではなく親密さである。彼らはエリートと人々の間の絆を再構築することを約束する。今日の欧州において、急激に多くの人々がこの約束に魅力を見出している。

アメリカの哲学者ジョン・ロールズ(John Rawls)は、能力主義社会で負け組になることは、あからさまに不公正な社会で負け組になる程には苦痛ではないと論じ、多くのリベラルたちを擁護した。彼の考えでは、ゲームの公正さが人々に失敗を受け入れさせるのである。今日では、この偉大な哲学者は誤っていたように思われる。

能力主義的エリートの危機は、少なくとも部分的には欧州におけるリーダーシップの危機の説明となる。最近、頻繁に聞かれる「リーダーシップ」の要求は、それが語られる場によって非常に異なる二つの意味をもっている。ブリュッセルや多くの国家の首都では、リーダーシップの要求は、ポピュリストの圧力に抵抗することや、最も合理的で実効的な政策を実施する勇気を意味する。欧州大陸のエリートが集まるこうした場所では、リーダーシップの要求は、正答によって通過できる試験のようなものである。これらのエリートたちはＥＵの政治的危機を、ブリュッセルが単に政策を実効的に説明することに失敗したというコミュニケーション危機として、主に認識している。

しかし、欧州大陸内の、産業力を失って不景気である地域では、リーダーシップの要求は非常に異なったものを意味する。つまり、犠牲と忠誠に対する要求である。人々がリーダーに期待するのは、危機のコストを引き受けるという個人としての気概を明言し、社会に対して家族的な義務を負っていることを公に見せることである。この立場からすると、欧州プロジェクトの根底にある危機は、民主主義の赤字が生み出した産物というよりは、むしろ社会の能力主義的なビジョンが新たに見直されるべきだという要求である。残念なことに、欧州では、ポピュリストと能力主義的エリートの間の衝突は、「離脱党」と「忠誠党」の間の政治的衝突というかたちをとっている。過去五〇年間のどの時期よりも、ロシアだけでなく西欧諸国においても、将軍が人気があるのは偶然ではない。ポピュリストの約束というものが、国を防衛する方法を知っている将軍と冷酷な決定に没頭するビジネス経営陣により構成される政府であるということは、トランプ政権の構成を見るだけで十分であろう。

国民投票によってもたらされる破壊

有権者は「「賛成」と「反対」という二語に語彙が制限されている主権者である」とアメリカの政治学者シャットシュナイダー(E. E. Schattschneider)は書いている。彼は基本的に正しい。市民は、「反対」と声をあげることによってのみ、またそれにくらべて「賛成」と声をあげることによっては非常に例外的に、その声が支配階層に聞き届けられると信じる傾向がある。したがって、伝統的な政党への支持が急落し、民主主義制度の信頼性に疑問が呈されているとき、多くの者は、何らかの形態の直接民主制への移行が民主的システムの改革につながると信じる。

国民投票に正当性があるか否かという問題は、民主主義の最も古典的な論争のテーマのひとつである。直接民主制の推進派は、国民投票は政府を選ぶことを超えて市民が公共政策に影響を与える最も合理的で透明性のある方法であると主張する。彼らの考えでは、国民投票は明確な負託を生み出し(選挙では一般的にはできないことである)、公開討論を活性化させ、人々を教育し、それゆえに見識のある市民によって構成される社会という民主的な夢を達成する。

直接民主制の反対派はこれに同意しない。彼らは、国民投票は人々に権力を委ねる最良の方法ではなく、彼らを操作する最も正道を外れた方法であると主張する。マーガレット・サッチャー（Margaret Thatcher）〔イギリス初の女性首相、在任期間一九七九―一九九〇年〕の言葉に、国民投票は「独裁者と煽動政治家」の装置だというものがある。国民投票は複雑な政策事項を危険なほどに単純化し、しばしば辻褄の合わない政策へと導いてしまう。国民投票は諸問題を切り離して単一の争点を問うものであるから、人々は互いに矛盾するような複数の政策を承認する結果となってしまうかもしれない。一般的に信じられていることだが、もし同じ日に社会保障の増額と減税について投票を求められたならば、人々は両方とも賛成してしまう可能性が高い（政治家であれば減税をすれば社会保障支出の増額は不可能であることを十分に知っている）。直接民主制に対する批判者は、国民投票は議論によってではなく感情によって動かされることが極めて多いとも論じている。彼らは国民投票が市民参加を促進するということを否定する。それを裏付ける証拠がある。国民投票の機会が急増するにつれ、欧州における国家規模の国民投票での投票率の中央値は、一九九〇年代初めの七一％からここ数年の四一％に低下した。

以下で議論するのは、直接民主制のメリットとデメリットではない。その代わりに私が述べたいのは、ＥＵのような多くの共通政策をもつ政治構造においては、共通の政治ははるかに少ないということである。ＥＵにおいて加盟国が他の加盟国に劇的に影響しかねない事項について投票するのを誰も防ぐことはできない状況で、国家レベルの国民投票の急増は、ＥＵを統治不可能にする最も手っ取り早い方法である。そのような国民投票の機会の急増は、連合の崩壊を引き起こす「取り付け騒ぎ」を誘発する可能性すらある。欧州は国民投票の連合としては存在しえない。なぜなら、EUは交渉の場であるが、その一方で、国民投票は人民の更なる交渉を排除する最終決定であるからである。それゆえ国民投票は、EUの活動を阻止するために欧州懐疑主義的な少数者と欧州悲観主義的な政府の両方によって簡単に悪用されうる政治的な道具である。もしEUが自殺を遂げるなら、用いられる凶器は、一度か数度にわたる国民投票である可能性がかなり高い。

激しい衝撃は、考えもつかないことを、恐るべき速さで不可避なものに変えうる。これはまさしくイギリス人がEUからの離脱に投票した国民投票後に欧州で起きたことである。その衝撃は特に痛烈であった。なぜなら、欧州とイギリスのエリートたちは「残留派」が勝つと何とか自分たちを納得させていたからである。専門家も世論調査も市場も、ほぼ誰もがイギリスはEUに残留すると予想していた。政治に関するオッズメーカーも、最初の結果が発表される直前まで、残留派が勝利する可能性を驚異の九三%と予測していた。これらすべての予測は周知のように、間違っていたことが判明し、一夜にしてすべてが変わってしまった。

ブレグジットへの賛成という投票結果は、金融市場を揺さぶり、政治リーダーを怯えさせ、広範囲におよぶ政治的議論を呼び起こすなど、世界中に衝撃の波を及ぼした。欧州の人々は、ブレグジットの前日までは、次にEUに加盟するのはどの国になるのかを議論していたが、ブレグジット後は、次に離脱するのはどの国かを問うようになった。心理学でよく知られた実験で、被験者に何枚もの猫の絵を素早く見せ、何が見えたかを尋ね続けるというものがある。当然ながら、被験者は猫を見たと答える。次に猫の絵の中にときどき犬の絵を混ぜて同じように実験すると、被験者は前と同じように猫だけを見たと主張する。すぐに誰かが人の名前を叫んで、絵から被験者の気をそらす。被験者が再び絵を見ると、被験者は犬の絵に気づきはじめる。これが、イギリス人がＥＵ離脱の投票をした二〇一六年六月二三日の夜に欧州に起こったことである。人々はようやく犬に気づくことができるようになったのである。

歴史家ならば、二〇世紀の最後の一〇年に欧州が目にしたふたつの運命的な分裂には、国民投票が伴っていたことをすぐに思い出しただろう。つまり、ソビエト連邦の崩壊とチトーのユーゴスラビアの暴力的な内部崩壊である。旧ユーゴスラビアの国民投票は、チトーの連邦の崩壊につながるものを始動させた。ソ連においては逆説的なことに、ソ連を構成する共和国の九つで実施され、連邦維持派の圧倒的勝利に終わった一九九一年三月の国民投票が、ソビエト連邦の崩壊に貢献した（投票者の三分の二が「連邦の維持」と答え、国民の意思は明らかに「各共和国の独立反対」だったにもかかわらず、結局、同年八月の保守派クーデターの失敗後、一二月にはソ連が崩壊してしまった）。この投票が示したのは、各共和国が連邦での政治生活の中心であることと、ソビエト連邦が病んでおり瀕死状態であるということだった。ここから得られる教訓は、国民投票はたとえ多数派が分裂反対に票を投じようとも、分裂を引き起こしかねないということである。

ここでの重要なポイントは、悲観論者が「ＥＵが国民投票によって破壊される」と恐れるのは的を射ているとしても、彼らが恐れているのは間違った国民投票であるということである。ブレグジット後、欧州人の間で「残留か離脱か」という二元論的な国民投票を望む声の高まりが見られた一方で、世論調査によると、そのような最終決定を下したいという要望は、ほとんどの欧州諸国で時間の経過に伴い低下している。「残留か離脱か」という古典的な国民投票が実施される見込みは大多数の加盟国でかなり薄い。この状況は確かに変わる可能性がある。しかし当面は、そのような国民投票を要望する声は減少している。親欧派エリートは、イギリスで生じたことを経験して以降、「最終手段」(nuclear option)の引き金を引くリスクを冒すことはほぼないだろう。これを「キャメロン効果」と呼ぼう。さらに二〇一六年に実施されたすべての国民投票に共通するのは、政府はその目的を決して達成しなかったことである。ポピュリストは残留か離脱かを問う国民投票を純粋に進めるよりも、そのような国民投票を実施すると脅すのを好んでいるといっていいだろう。結局、彼らがブレグジットで見たものは、反EUの国民投票が成功したことによって生じた数々の問題である。ポピュリストが好む戦略はおそらく、離脱に関する明確な信任投票を求めることではなく、すべての選挙がEUに関する非公式な国民投票であると主張することである。

ブレグジット型の国民投票にこだわるよりも、われわれは二〇一六年に実施された他の三つの国民投票に注目する必要がある。セルジオ・レオーネ(Sergio Leone)監督の古いマカロニ・ウエスタン作品〔*Il buono, il brutto, il cattivo* 邦題『続・夕陽のガンマン』〕にならって、それらを勇者たち、卑劣な者たち、醜い者たちと呼ぶこととする。「勇者たち」はマッテオ・レンツィ(Matteo Renzi)首相によりイタリアで一二月に実施された国民投票である。「卑劣な者たち」は四月にオランダで実施されたEUとウクライナの連合協定に関する国民投票(EUとウクライナが結んだ自由貿易協定(FTA)を柱とした連合協定の是非を巡るもの)である。そして「醜い者たち」はヴィクトル・オルバーン首相がハンガリーで一〇月に実施したＥＵの難民政策に関する国民投票である。これらの三つの国民投票は、ある種の交通事故のようにＥＵの崩壊が進行するリスクを、他の何よりもうまく説明してくれる。

勇者たち

二〇一六年の春、マッテオ・レンツィが国民投票実施の計画をもくろんだことは全く驚くべきことではない。金融市場とブリュッセルの「最高司令部」がシルビオ・ベルルスコーニを首相の座から退かせることに成功してから五年を経ても、イタリアはＥＵ危機の主要な犠牲者の一人のままであった。イタリア経済は、慢性的な不景気に陥っており、特に銀行が脆弱であった。イタリアの政治体制は相変わらず多極化した状態であり、非効率的で、今や、エキセントリックな政治的抗議集団の「五つ星運動」の勢力の台頭が目立っていた。同時に、この国は欧州に到着したほとんどの難民や移民が通過する入口になっていた。二〇一六年のバルカン・ルートの閉鎖後、イタリアは欧州移民（難民）危機の震源地となった。この苦難に折り合いをつけながら、レンツィは選挙を経ずしてイタリアの首相に就任していた。政治的問題がしばしば国民投票で決定されるこの国で、若く新しい首相が、より実効的な政策決定過程となるような政治制度改革に対する国民の支持ばかりでなく、国民から正当性を取り付けるための手段として、国民投票を使うという賭けに出たいと思ったとしても驚くことではない。イタリア野党は下院と上院でレンツィの改革パッケージの支持に難色を示し、国民投票の実施は避けられないものになった。

レンツィがイタリア国民に提示した問題は多岐にわたった。すなわち、「憲法改正案「両院の対等性の打開、国会議員数の削減、制度運営コストの削減、ＣＮＥＬ〔経済労働国民会議。イタリア憲法第九九条に規定された専門家および産業界代表により構成される機関。議会および政府の諮問機関であり、独自の発議権を持つ〕の廃止、および憲法第二部第五章の改正のための諸規定」の条文を承認するか」という問いであった。レンツィには複数の目的があった。第一に、現在は下院と同等の権限が与えられている上院の権限を制限することにより、イタリアの機能不全の「拒否権による政治」(vetocracy)を改革すること、第二に、上院議員の数を三一五から一〇〇に削減して、上院から政府に対する「不信任」案議決権を剝奪すること、第三に、上院の直接選挙を廃止し、代わりに上院の議席は二一議席は市長、七四議席は地方議会の長〔正確には、地方議会議員〕、五議席は大統領指名により選ばれるとすることである。この改革案は、エネルギーやインフラストラクチャー、外国との貿易などの分野について権限を州政府から中央政府に移譲し、イタリアの二〇ある州政府の権限を弱めるはずだった。改革派は、この改革案により政治運営にかかるコストが年間五億ユーロ削減できるほか、数十年にわたる議会の〔上院と下院の間の〕卓球のラリーのようなやりとりを終わらせることによって、法律の制定を迅速化することができると主張する。もし国民投票が成功していれば、「完全に対等な二院制」システムが廃止され、政府の権限が強まり、立法過程の迅速化が可能になったであろう。国民投票前に実施された世論調査では、首相の勝算は高く、国民投票は、対抗勢力に既存の政治的混乱を擁護することを余儀なくさせ、首相を現状に対する抵抗者として位置付けるのを助けると予測されていた。レンツィ自身の言葉を借りれば、改革は「郷愁と将来の間」の闘い、「何も変えたくない者と将来に備える者の間」の闘いであった。(20)

二〇一六年一二月四日、有権者の六五％以上が投票し、五九％が反対票を投じ、約四一％が賛成票を投じた。レンツィの憲法改正案は決定的に敗北し、彼は辞任に追い込まれた。アナリストたちは、国民投票を選挙制度の評価から首相の野心についての判決に変えたのは、首相自身の、敗北の際には辞任するという約束であったと考察している。いずれにせよ、われわれができることと言えば、レンツィの約束がなかったら結果はどのように変わっていただろうかと思いをめぐらすことくらいである。

国民投票当日、イタリアは、手術の日を迎えて、病院を逃げ出す決意をする患者に似ていた。政府の敗北により市場は、危機に対処するイタリアの能力に対してさらにいっそう懐疑的になった。政府の敗北は、ブリュッセルとの交渉におけるイタリアの立場を弱くし、欧州大陸全土の市民の間に欧州悲観主義が広がることを後押しした。フランスの極右政党である国民戦線のマリーヌ・ルペン(Marine Le Pen)の言葉を借りれば、「ギリシャの国民投票とブレグジットの後の、このイタリアの「ノー」は、大陸を貧困に陥らせようとしている愚かな欧州政治に背を向けようと考える人々のリストに、新たな人々を加えた[21]」。

レンツィの国民投票での失敗で明らかになったことがひとつある。それは、現在の欧州危機の文脈で、民主制度が市民による信頼を失い、政府が市民の敵とみなされているときに、改革への支持を取り付ける手段として国民投票を用いようとするいずれの試みも、かなりの確率で自滅するということである。たしかに政府や議会が国民投票の論点を提示する権限を持っているかもしれないが、どのような問いに答えるかを決定するのは国民なのである。

卑劣な者たち

オランダ議会は二〇一五年、議会両院を通過した法案に対して国民が諮問的な国民投票を要求することを可能にする新しい国民投票法を採択した。この国民投票法によれば、「論争的な性質」の法律や条約に関する「諮問的国民投票」を始動するためには、三〇万の市民の署名が必要である。「民主党六六」の国会議員であるジェラルド・ショウ（Gerard Schouw）によれば、国民投票の発議は市民の信頼を回復する手段であった。ショウによれば、「この法律は、政策決定過程において自らの見解や重要な声を表明する厳粛な機会を市民にもたらすであろう」[22]。主に移民やＥＵ拡大に反対する市民によって引き起こされた、オランダ社会における反エリート・反ＥＵ感情の高まりによって、主要政党は国民の懸念に耳を傾ける姿勢を見せる方法を模索せざるを得なくなった。しかし、結果的に、新しい発議権は人々に発言の場を与えるというよりもむしろ、オランダ社会の欧州懐疑派による雑音を増幅させることになった。

この新しい法律により生み出された機会に付け込んで、欧州に懐疑的な諸組織からなる集団が署名を集め始めた。彼らは国民投票の実施に必要な署名数を超える、四二万以上を集めることに成功した。国民投票の問いとは「ＥＵウクライナ連合協定の批准に賛成か反対か」であった。投票率は有権者のわずか三二％、そのうち六一％が協定への反対票であった。国民投票が諮問的で法的拘束力がないとはいえ、投票率が（わずかではあるが）三〇％を超えたことや反対が過半数以上であったという事実により、投票結果は明確な正当性をもつことになった。この国民投票が、本質的に大多数の市民には興味のない事項に関して行われたということは、気にしないでおこう。（政府関係者以外で誰一人として二〇〇〇ページ以上におよぶ条約全体を読んだ者はいないことは、誰も否定できないだろう。）投票結果は、政府にその立場を再検討することを余儀なくさせ、ウクライナに関するＥＵの脆弱なコンセンサスに疑問を呈することになった。

あるコメンテーターによれば、「ＥＵウクライナ連合協定に着目した〔国民投票の〕決定は、協定そのものに向けられたものではなく、むしろ彼ら［GreenPeil 挑発的なオランダのウェブログ］がＥＵにおけるオランダの有権者の影響力の欠如として認識しているものに対して向けられていたのだ」。意地悪く聞こえるかもしれないが、国民投票はＥＵを支持する人々にとっては全く重要性をもたない事項に関して、欧州懐疑派の票を集めるのに役立つ機会として用いられたのだ。

国民投票が主に欧州懐疑派の動員だったと理解すれば、なぜ連立与党があれほどまでに受け身で対応したのかを理解することが容易になる。彼らは世論が「反対」ムードであることに不安を覚えて、国民投票の投票率が三〇％の閾値を切ることに望みをかけたのだった。連立与党は公に国民投票をボイコットするようにロビー活動をすることも恐れた。なぜならそうすることは、国民投票を制定した新しい法律の目的は、人々が自らの考えを訴えることを可能にすることであるという主張と矛盾してしまうことになるからである。欧州懐疑派のアムステルダム大学教授エーヴァルト・エンヘレン（Ewald Engelen）は、「〔国民投票の〕特質は何の結果ももたらさないことだ。いずれにせよ条約は批准されるだろう。国民投票は、明々白々な人気投票である。つまり〔政治的〕カーストに賛成か反対か、それが問題だ」と書いている[23]。悲しいかな、結果は、いかにして欧州懐疑的な少数派によって投票がハイジャックされうるか、また、国民にとって全く関心のない事項のために奮闘するようＥＵ推進派の政府に圧力をかけることによって、ブリュッセルの集団的意思決定過程を戦略的に麻痺させることにいかにして票が使われうるかを、オランダの国民投票が強く示したということなのである。

醜い者たち

二〇一六年の夏と秋にハンガリーを訪れた外国人は、政府によって国内全域に設置された掲示板を見ないではいられなかったであろう。それらすべてはEU旗と同じ青色で彩られ、「知っていましたか」と問いを掲げていた。

与党フィデスによる反移民政策の最初の一手は、巨大なPRキャンペーンであった。市民たちは政府が提供する何千もの掲示板を目にすることとなった。その掲示板は、次のように問いかけていた。「移民危機が始まって以来、三〇〇人以上が欧州で起きたテロ攻撃の結果死亡したのを知っていましたか」、「ブリュッセルは、丸ごと一都市の人口に相当する不法移民をハンガリーで定住させたがっていることを知っていましたか」、「移民危機が始まって以来、女性に対するハラスメントが欧州で急増していることを知っていましたか」、「パリのテロ攻撃は移民によって実行されたことを知っていましたか」、「リビア一国からだけでも一〇〇万人に近い移民が欧州に来たがっていることを知っていましたか」。一〇月二日の国民投票で、政府は「EUがハンガリー議会の同意なくハンガリーに非ハンガリー人の強制定住を命令できるようにしたいですか」と市民に問うたが、政府はハンガリーの市民にこれらの「事実」をあらかじめ知らせたかったのである。

EUの難民政策に関して国民投票を実施する考えを擁護するに際して、ハンガリーのヴィクトル・

オルバーン首相は次のように主張した。

まず第一に、ハンガリー政府が進むと決めた道、つまり国民投票を実施するという道は、欧州的解決策であるとわれわれは確信している。それは欧州政治の特徴であり、それゆえわれわれは、心から他の国にもそれを実施することを勧める。ハンガリー政府は、民主主義が欧州の中心的価値のひとつであり、EUもまた民主主義に基礎をおいていることを確信している。このことは、人民の生活を著しく変化させ、また将来の世代の生活を規定してしまうような決定を、われわれは国民を無視して、かつ欧州の人々の意に反して行ってはならないことを意味する。〔難民の〕割り当ては、ハンガリーと欧州の民族的、文化的、および宗教的な地図を塗り替えてしまうだろう。ハンガリー政府の見解では、EUも、ブリュッセルも、欧州のリーダーたちのいずれの者もそのような権限は持っていない。事実、そのような権限を与えられたいかなる類の欧州機関も存在しない。今まで、誰も欧州の人々に〔難民の〕強制的割り当ての導入を望むか、受け入れるか、あるいは拒否するかを問うていない。われわれハンガリー人は、人々の合意なくしての強制的な定住割り当ての導入が、権力の濫用に他ならないと確信する。私は、政府が国民投票の実施の道を選んだのは、世論一般の要望に従ったものであることを確信する。われわれはハンガリー国民にこの問題を問わなければならないのである。ちょうどハンガリーのEUへの加盟を問うたときと同じようにである。……ハンガリー議会の選挙で選ばれた代表者であるわれわれ以外の誰にも、この決定を下すことはできない(24)。

オルバーンの国民投票の真意を理解するためには、難民をさまざまなEU加盟国に定住させるというブリュッセルの決断への反対が、ハンガリー社会においてコンセンサスがある数少ない事柄のひとつであり、それゆえに政府は投票するよう国民に呼びかけると決めたことを認識する必要がある。政府は、国民の意見に関心があって投票を呼びかけたのではない。政府は国民の意見を知っていたので国民投票を推し進めたのだ。ハンガリーで二〇一六年一〇月二日に実施された国民投票は、実のところブリュッセルへのメッセージだったのである。国民投票を実施することによって、オルバーン首相は単純明快な三つの目的を果たすことを望んでいた。つまり、第一に、彼こそが国益の擁護者であると国民に示して、ナショナリストの投票を競っている極右政党の「ヨッビク」(Jobbik)への支持を周縁化すること、第二に、ブリュッセルに対して、難民危機への対応策としての欧州内での割り当てにハンガリーが断固として反対を維持することを示すこと、および第三に、ハンガリーの首相が、国境を守り権限をEUから加盟国に移すために闘う新しい保守的な欧州の真のリーダーであることを、欧州の市民に対して示すことである。

ハンガリー政府は、その目的を達成するため、(atlatszo.hu のサイトによれば)およそ五〇〇〇万ユーロの公的資金を費やし、ハンガリーの国営テレビ放送局は、この国民投票キャンペーンを扱う時間の九五%を、政府の立場を繰り返すことに充てた。比較すると、ブレグジットの国民投票でイギリス政府が離脱派と残留派の双方のキャンペーン支援に費やした資金はハンガリーの支出をざっと七〇〇万ユーロ下回っていた。最終的に、ハンガリー政府は一方に偏ったキャンペーンに国民一人当たり五ユーロを費やし、これに対してイギリスは国民一人当たりわずか〇・六六ユーロであった。ハンガリー政府はまた、ハンガリー人がEUの難民政策に反対票を投じるべき理由について政府の立場を説明するために、四〇〇万冊以上のフルカラー印刷のブックレットを国内外のハンガリー人に配布した。皮肉なことに、政府がそれほどまでに惜しげもなく資金を投じられたのは、何十億ユーロもの資金がブリュッセルからこの国に届けられていたからにほかならない。

国民投票の結果は政府にとって衝撃的なものとなった。投票者の九〇%以上は政府の立場を支持したものの、過半数の国民は(反対派に促されて)投票に行かないことや、無効票を投じること(二〇万票が無効票であった)を選択した。「二尾の犬党」、つまり、キャンペーン期間中、二二のNGOとともに政府の主要な対抗者となったいたずらっぽいグループが、最終的な勝者であったかもしれない。投票数は、国民投票の結果を有効なものとするには不十分であった。

この事例では結論がでなかったにもかかわらず、ハンガリーの国民投票は、合意されたEUの共通政策の実施を妨害するための「国家の拒否権」として国民投票がいかに利用されうるかを明らかにしている。イタリアとオランダとともに、ハンガリーの事例は、国民投票が欧州にとって、潜在的に致命的な難問であることを照らし出している。EU加盟国におけるリベラル・デモクラシーの危機は、個々人の一票が欧州の政策にとって何の意味も影響も持たないという、広く共有され、また二〇〇八年の金融危機以降著しく強まっている感情の産物である。この無力感への対処を迫られて、政治エリートは、直接民主制の要素を取り入れることで政治制度の正当性を擁護しようと試みてきた。しかし、その直接民主制の要素によってEUが終わりを迎えてしまう可能性は十分にある。

レンツィ首相がイタリアで実施した国民投票が明確に示すように、制度改革が望まれた目的であるとき、国民投票は手段として信用できない。オランダの事例は、国民投票がＥＵを麻痺させるためにいかに用いられうるかを明らかにしている。またオルバーンによる国民投票の事例は、国民投票がいかに反ブリュッセルという目的に資するために用いられうるかを示している。これらの三種類の国民投票はいずれも、ＥＵの政治的ダイナミクスを形成する力と、近年の欧州懐疑主義をはるかに超える、あからさまな欧州悲観主義を強力にする力を持っているのである。

おわりに

ハプスブルク帝国の再現？
欧州の脆弱性と復元力について

Perhapsburg—Reflections on the Fragility and Resilience of Europe

当然の世界としてのEU

「人は自分が生きている秩序を当然のものと考える傾向がある」と、チェスワフ・ミウォシュ（Czesław Miłosz）〔リトアニア系ポーランド人作家〕は、今や遠い過去となった一九五一年に書いた。

人が通勤途中に通り過ぎる家々は、人の手によるものというより、むしろ大地から突き出る岩のように見える。人は、オフィスあるいは工場での仕事を、世界が調和的に機能するのに不可欠のものとして行う……。猫が寝ていて子どもたちが遊んでいる、そんな馴染みの通りに、ある日カウボーイが現れ、通行人を投げ縄で捕まえ始めるかもしれないとは信じられないのである。つまり、『黄金狂時代』のチャーリー・チャップリンが、崖っぷちで不安定にぐらぐらしている掘立小屋のなかでせかせか動いているのと同じように、人はふるまうのである。(1)

欧州人にとって、EUはこのような当然の世界であった。今はもはやそうではない。一九一七年という年は、欧州の歴史をひっくり返した年だった。一九一七年に欧州で東西対立が始まり、それは、一九八九年にようやく終わった。二〇一七年という年も、同様に重大な結果をもたらすことになるのかもしれない。オランダ、フランス、ドイツ、および、とくにイタリアで重要な選挙が行われる可能性が高く、これらが欧州分裂のプロセスを一層進めるかもしれない。ギリシャは二〇一七年にユーロ圏離脱を選択する可能性がある。欧州諸国の首都での大規模なテロ攻撃、あるいは、欧州の周辺での武力紛争および新たな難民の波が、たやすくEUを崩壊の崖っぷちへと押しやる可能性もある。ブレグジットとドナルド・トランプの大統領選での勝利は、欧州が生きのびるだろうという見通しを覆しており、欧州にとって好ましい状況ではない。EUの分裂がつい最近までは考えもよらないことであったとしても、ブレクジット後は多くの者に、それはほぼ不可避なものと思われている。移民(難民)危機がリベラル・デモクラシー体制の性格を変化させたように、欧州は大陸にわたるポピュリスト政党の台頭により壊れつつある。

欧州における民主主義は、長い間、包容の手段であったが、今や、徐々に排除の手段に変化してきている。冷戦後初期の少数者にやさしい体制は、あからさまに不寛容で反多元主義的な多数決主義の体制に地位を奪われつつある。国境のない欧州という夢(もはや幻想である)は、バリケードで囲まれた大陸という暗い現実にとって代わられつつある。

欧州のあちらこちらで、ポピュリズムの潮流を変えることはできないという不安が増大している。ドナルド・トランプがアメリカ合衆国大統領としての宣誓を行った日、フランス極右政党リーダーのマリーヌ・ルペンは、「EUは死んだ。しかし、まだそれに気づいていない」と声高に宣言した。

しかし、これは真実なのだろうか。

われわれが知っていたEUはもはや存在しない、というのが適切かもしれない。情報通の投資家はEUには投資しない。また、EUに好意的なアナリストでさえ、EUが生き残るとしても、現在の境界と立憲的枠組みは維持できないだろうという点では一致しているようである。しかし、これは、欧州プロジェクトが終わったことを意味するのだろうか。親欧州派のリベラルは、望みを捨てるべきなのだろうか。

この点で、既視感的思考様式が再び力強い教訓を教えてくれる。人は歴史上の大きな逆転現象を目撃すると、歴史的決定論が幻想(ノイローゼになりそうな人々にとっての麻薬)であると分かる。

マキャベリ(Niccolò Machiavelli)は、どんな思いがけない幸運が我々を待ち受けているかわからないのであるから、あきらめることは得策ではないと主張した。マキャベリの見解では、政治には「良いとき」もあれば「悪いとき」もあり、善き統治者とは、「悪いとき」を受け流すことができる者というよりもむしろ、悪いときを乗り切れるよう助けてもらうのに十分な信用を国民から集めておいた者である。

新たな希望

本書の論点は、EUが、今日、欧州大陸全土にわたる市民の、プロジェクトの将来への信頼を損うような数多くの危機によって四分五裂し、悪いときを迎えているということである。そのため、EUの分裂は、もっとも可能性が高い帰結の一つである。

しかし、逆説的だが、二〇一七年には二〇一六年になかった新たな希望の源が現れている。ブレグジットの投票あるいはアメリカの大統領選挙の結果は、誰も予期していなかった。この二つの出来事によってもたらされた衝撃は、思っていたほど世界を理解していないということをわれわれに思い知らせた。したがって、二〇一七年、われわれは、非常に異なる原動力に直面している。われわれは、考えもつかないことが起こりうることに気付いているだけでなく、実際にそれが起こることを予想しているのである。われわれは、ヘルト・ウィルダース（Geert Wilders）〔オランダの極右政党の政治家〕がオランダの選挙で大勝したり、マリーヌ・ルペンがフランスの新大統領になってしまったり（それはおそらくEUの終わりを意味するであろう）、ドイツ政治においてメルケルの時代が終わったりすることを、恐れているが、予想してもいる。こうしたことはすべて現実に起こりえるが、起こらない可能性が非常に高い。ウィルダースはすでにオランダ選挙で負けている。また、ポピュリスト政党は、おそらく善戦する一方で、いたるところで勝利するというわけではないであろう。ブレグジット後、主要なEU加盟国で、自国のEUからの離脱を望む人々の数は減っている。EUが改善されたからではなく、EUが単に生き延びたということで、欧州の人々がEUにもっと自信をもつようになる可能性は十分にある。

実際に、EUのさまざまな危機は、ブリュッセルのどのような「結束〔格差是正〕政策」よりもずっと、われわれ欧州人がみな同じ政治共同体の一部であるという感覚を育んできた。ユーロ危機、難民問題、およびテロの脅威の増大への対応を通して、欧州は、少なくとも経済と治安に関しては、いまだかつてないほど統合されることとなったのである。

政治の分裂の歴史を注意深く学ぶと、生き残りの技術とは、絶え間ない即興の技術であるということがわかる。厳格さではなく、柔軟さがいずれは欧州を救うものかもしれない。ほとんどの人々がポピュリズムをいかに克服できるかと問うているが、私の見解では、より適切な問いは、いかにその無節操さに対処するかである。EUの生き残りの可能性を高めるのは、妥協の精神である。和解の余地をつくることが、ＥＵを大切に思う人々にとって主な優先事項となるべきである。ＥＵは、数多くの敵を打倒しようとするのではなく、彼らの一部の政策（域外国境の保護強化の要請など）、および、彼らの姿勢の一部（例えば、自由貿易は必ずしもウィンウィンとはならないという主張）さえも採用しながら、彼らを疲弊させようとすべきなのである。進歩を直線のようなものとして説明するのは、質の悪い歴史教科書だけである。

欧州のリーダーたちにとって、ハプスブルク帝国が一九一八年に崩壊した理由を理解することよりも、それより前の一八四八年、一八六七年、あるいはその他の多くの機会に分裂しなかった理由を理解することのほうが重要である。正当性を高めることによってＥＵの生き残りの確保を試みるよりも、その生存能力を示すほうが、おそらくその将来の正当性の重要な源となりうる。

欧州は先見の明を持ったリーダーがいないために危機に瀕している、とよく言われる。しかし、どのようなリーダーたちならばＥＵを救うことができるのか、率直に言って、われわれにわかるだろうか。

スペインの作家ハビエル・セルカス（Javier Cercas）は、著書 *The Anatomy of a Moment* で、一九八一年のスペインの反民主主義クーデターの失敗について書いている[(2)]。そのクーデターは、近年のスペイン史でもっとも決定的な瞬間であった。人々はいまだに旧体制の力を恐れており、また、すでに民主主義の初期の経験に失望していた。失業率は二〇％で、インフレは一六％に近付いていた。クーデターのうわさがささやかれていた。誰もが何かしら起きると予期していた。ついに、グアルディア・シビル〔治安警備隊〕の将校二〇〇人が、アントニオ・テヘーロ（Antonio Tejero）中佐に率いられ立法府に侵入し、国会議員を撃つと脅した。誰もが机の下に飛び込んだが、銃弾が近くを飛び交う中、三人だけは、席についたままであった。彼らは、驚くべき勇気を発揮し、クーデターを失敗に導いたのであった。

その三人の民主主義の英雄たちは、仲間同士と呼ぶには最もふさわしくない面々であった。アドルフォ・スアレス(Adolfo Suarez)首相は、フランコ独裁政権時代にキャリアを築いた政治家であった。サンティアゴ・カリーリョ(Santiago Carrillo)は、スペイン共産党のリーダーであり、長年にわたり資本主義下の民主主義の不当性を糾弾してきた人物だった。また、グティエレス・メッリャード(Gutierrez Mellado)将軍は、〔スペイン〕内戦で命をかけて民主主義に反対して戦った将校だった。こうした三人がクーデターを起こした者たちに立ち向かうことで、スペインの民主主義の存続を確かなものにするということを、その運命の日より前に誰が予言していただろうか。しかしそれは実際に起こったのである。

生き残るということは、詩を書くことに少し似ている。詩人でさえも、詩がどのように終わるのか、終わってみるまでわからないのである。

謝　辞

本書に影響を与えた人々と、私が恩恵を受けた機関のすべての名前を挙げるのは、二〇一六年に欧州に来た何十万という難民と移民を文書で記録するよりも難しいことのように感じる。

本書を実際に形作ったのは、原稿を二回読んで編集してくれたレニー・ベナルド（Lenny Benardo）である。彼の見識は多くのページにみられる。私が本書で述べた考えの多くは、スティーヴン・ホームズ（Stephen Holmes）とマーク・レナード（Mark Leonard）との会話から生まれた。ヤン＝ヴェルナー・ミュラー（Jan-Werner Müller）とジョン・パラッテッラ（John Palattella）は、原稿を詳細に読み、コメントしてくれたのみならず、私がポピュリズムについての考えをまとめるのを大いに助けてくれた。ソリ・オゼル（Soli Ozel）とフョードル・ルキャノフ（Fyodor Lukyanov）は、トルコとロシアについて重要な洞察を提供してくれた。ペン・プレス（Penn Press）の編集者のダモン・リンカー（Damon Linker）と、著作権代理人トビー・ムンディー（Toby Mundy）による不断の貴重な励ましには、どれほど感謝しても感謝しきれない。トビーは激動の最中で本を書くことよりひどいことが一つだけあると思い込ませるのが非常にうまかった。つまり、本をまったく書かないことである。

私は、ブルガリアのソフィアのリベラル戦略センター（the Center for Liberal Strategies）の同僚たち、とくにヤナ・パパゾヴァ（Yana Papazova）の無条件の支援と力添えに対して感謝したい。ヤナがいなければ、この本を完成させることはできなかっただろう。人間科学研究所（Institut für die Wissenschaften vom Menschen: IWM)は、私に豊富な時間と理想的な作業環境を用意してくれた。私はまた、IWMの多くの同僚たちとの議論とランチタイムでの交流から多大な恩恵を受けたが、とくにホリー・ケース(Holly Case)とシャリーニ・ランデリア(Shalini Randeria)の名を挙げさせていただきたい。ホリーはEUに対して、一九世紀の欧州史を専攻するアメリカ人の歴史家のみが持ちうるのと同じ情熱を持っており、シャリーニは、キャリアのすべてを欧州大陸で築いてきたインド人の知識人に期待してよいのと同じくらい、欧州について博識である。二年前、私は、『ニューヨーク・タイムズ』紙に毎月コラムを執筆するという貴重な機会を得た。定期的な執筆作業により、思考が訓練された。また、私の編集者のクレイ・ライゼン(Clay Risen)とマックス・シュトラッサー(Max Strasser)は、現在の議論において何が本当に重要なのかを把握するという作業を改善するうえで私を助けてくれた。『民主主義ジャーナル』(*Journal of Democracy*)誌のマーク・プラットナー(Marc Plattner)は、彼の雑誌において本書のテーマを模索する機会を与えてくれ、それを通して、編集者の観点からの彼の示唆を得ることができた。「パーハプスブルク」(Perhapsburg)という文字どおりの新語はアダム・ガーフィンケル(Adam Garfinkel)のおかげである。この語にふれるだけで私は欧州を新たな分析視角から見てみる気になった。

私は、世界中の諸事件の展開について考察するという日々のルーティンを共に行う家族に感謝したい。妻のデッスィー(Dessy)は、議論の達人であり、他の誰もあえてしないような質問をする名人である。また、娘のニーヤ(Niya)と息子のヨート(Yoto)の存在こそが、彼らが大人になって生活し、生きがいを見出すことになる世界を理解するための探求へと私を駆り立ててくれる。

監訳者あとがき

監訳者が、本書『アフター・ヨーロッパ』の原書 *After Europe*（ペンシルヴァニア大学出版会、二〇一七年五月）に出会ったのは、ポピュリズムを素材としてリベラルEUのゆくえについて執筆するため、あれこれ考えていたときのことであった（それは、『欧州ポピュリズム――EU分断は避けられるか』ちくま新書、二〇一八年五月、として刊行されている）。そこでは、二〇一五年欧州難民危機が「移民革命」と位置づけられ、EU各国内の多数派は、外国人たち（移民・難民）が自分たちの国を奪っており、自分たちの生活様式を脅かしているのではないかという恐怖を覚えた。そのような中、EU各国の極右ポピュリスト政党は、「反革命」を行おうとしているのだと説明されている。また、欧州における民主主義が長らく「包容」の手段であったにもかかわらず、ポピュリズムの勢力伸張が示すように、いまや徐々に「排除」の道具になってしまっていると指摘されている。

筆者のイワン・クラステフ（Ivan Krastev）氏は、一九六五年ブルガリア生まれの政治学者であり、ソフィアのリベラル戦略センター（the Centre for Liberal Strategies）理事長、また、ウィーンの人間科学研究所（Institut für die Wissenschaften vom Menschen）常任フェローなど数多くの要職について、活発な執筆活動を行っている。本書以外にも、*Democracy Disrupted: The Politics of Global Protest*（『民主主義の分裂――グローバルな抗議の政治学』未邦訳、ペンシルヴァニア大学出版会、二〇一四年）を刊行するなど、多数の著作を上梓している。また、自ら編集委員を務める *Journal of Democracy*（『民主主義ジャーナル』)誌などで多数の論文を発表している。たとえば、同誌に発表された論文「ポスト一九八九年秩序の崩壊」(Ivan Krastev, "The Unraveling of the Post-1989 Order", *Journal of Democracy*, Vol. 27, No. 4, October 2016, pp. 88-98)において、冷戦終結後のリベラルな秩序が三つの意味で崩壊し始めていると指摘されている。第一に、西側諸国が国際社会においてパワーと影響力を失いつつあるということである。第二に、中国の台頭、ロシアの復活、世界各地での武力紛争の増大である。第三に、西側諸国のリベラル・デモクラシー体制が、ポピュリズムの台頭により内部の危機に直面していることである。この第三の点をとくに扱っているのが、本書『アフター・ヨーロッパ』である。

監訳者は、拙著『欧州の危機——Brexitショック』(東洋経済新報社、二〇一六年)において、アメリカの経済学者ダニ・ロドリク(Dani Rodrik)の仮説に依拠して、「欧州統合」(経済統合)、「国家主権」および「民主主義」の三つをすべて同時に実現することはできないという「欧州統合の三角形モデル」を提示した。欧州統合を前提とするならば、欧州レベルで民意を形成して経済統合を進める「欧州連邦型アプローチ」(その結果、加盟国は国家主権を手放すことになる)、または、国家主権をマーケットの要求に従って行使することにより経済統合を進める「市場主導型アプローチ」(その結果、各国の民意から乖離することになる)のどちらかしか選択肢がないことになる。しかし、EUの政治エリートたちは、そのことを知っていたにもかかわらず、「一層緊密化する連合」(EU基本条約前文)という曖昧な目標を掲げることにより、EU市民に対して、「経済統合」「国家主権」「民主主義」の三つをすべて同時に達成することができるかのように振る舞ってきた。しかし難民危機により、加盟国国民はEUの政治エリートたちが自分たちに本当のことを伝えていないと気づいたのである。それが、欧州諸国で反E

Uのポピュリスト政党が台頭する大きな要因となった。

他方で、ポピュリスト政党は、自国で政権を奪取するために反EU、反ユーロ（単一通貨）、また、EUが依拠するリベラリズムに反対する「反リベラル・デモクラシー」を主張している。しかし実際には、欧州ポピュリズムは、必ずしもEU離脱ではなく、EUにとどまって単一市場の恩恵を受けながらEU自体をポピュリズム的に変質させることを狙っているのかもしれない（イギリスはEU離脱を決めたが、単一市場と関税同盟の恩恵には浴したいと願っている）。欧州各国のポピュリスト政党は、EUの政治エリートたちとは異なる形で、「経済統合」「国家主権」「民主主義」の三つをすべて同時に達成することができるかのように振る舞っている。しかし、反EUや反難民だけで結束しても、そのような試みが実現されるとは到底思われない。この見方と符合するかのように、クラステフ氏は本書の中で、リベラル・デモクラシーを担うEUの将来的な正当性を担保するのは、EUの民主的正当性（インプット型の正当性）を増大させることではなく、EUが存続する能力を示すことであると主張している。それは、リベラルな価値観に基づくEUが、「民主主義の赤字」という批判を浴びながらも、アウトプット型の正当性により立ち直る可能性があることを示唆しているように思われる。これは、EUが欧州統合の原点に立ち返ることを意味する。

しかしながら、クラステフ氏は、『フォーリン・アフェアーズ』誌の論文（"Eastern Europe's Illiberal Revolution", *Foreign Affairs*, Vol. 97, No. 3, 2018, pp. 49–56）で述べているように、欧州ポピュリズム（とくに中東欧諸国）が暴力による現状変更を考えてはいなくとも、権力のチェック・アンド・バランスに無関心で、多数派支配に対して加盟国憲法とEU法が加える立憲的制約の必要性を認めていない点を危惧する。この点は、EUが直面する(かつEUが直接介入することが難しい)最も重大な問題の一つである。わが国と欧州とは政治的状況を異にするとはいえ、本書は、EU諸国と同じくリベラル・デモクラシー体制をもつ日本にとっても、警告と啓蒙の書であると言うことができる。

本書の翻訳作業は、二〇一七年一〇月から監訳者の下で共訳者が輪読することから始めた。「はじめに」と「おわりに」を担当した東史彦は国際法・EU法の研究者であり、G・マヨーネ著『欧州統合は行きすぎたのか』(上・下、岩波書店、二〇一七年)の翻訳に参加した経験を活かす形で今回も翻訳に加わった。また、第一章は、国際法学者の望月康恵が担当した。さらに、第二章は、国際政治学・EU政治を専門とする細井優子が翻訳を行った。各自が翻訳作業に入ったのは二〇一七年末からであり、メールのやりとりを通じて翻訳担当者とチェック担当者(相互に分担)が共同作業を進めた。二月と三月にそれぞれ一回、慶應義塾大学三田キャンパスに集まり、翻訳上の疑問点を話し合った。こうして、当初の予定通り、三月末に各共訳者の翻訳原稿が仕上がり、監訳者が全体的なチェックを行った。本書の完成は、共訳者が各大学の本務で忙しい中、多大の努力を払って忍耐強く翻訳作業を続けてくれたおかげである。しかし、思わぬ誤りがあるかもしれない。読者のご叱正を賜りたい。

本書を翻訳する企画の実現には、岩波書店編集部の山本賢氏のご尽力があった。山本氏には、本書の刊行に至るまで大変お世話になった。また、校正担当者の方にも校正段階で細部にわたる多数のアドバイスをいただいた。心より感謝申し上げる次第である。

二〇一八年六月

庄司克宏

原　　注

はじめに

(1)　Joseph Roth, *The Radetzky March* (London: Granta Books, 2003). ヨーゼフ・ロート著，平田達治訳『ラデツキー行進曲』(上)(下)岩波文庫，2014 年.

(2)　Oskar Jaszi, *The Dissolution of the Habsburg Monarchy* (ACLS Humanities e-book, 2009), 4.

(3)　Jan Zielonka, *Is the EU Doomed?* (Cambridge: Polity Press, 2014).

(4)　José Saramago, *The Stone Raft* (New York: Mariner Books, 1996).

(5)　Walter Laqueur, ed., *Soviet Union 2000: Reform or Revolution* (New York: St. Martin's Press, 1990), xi.

(6)　Francis Fukuyama, "The End of History?," in *The National Interest*, Summer 1989. フランシス・フクヤマ著，渡部昇一訳『歴史の終わり』(上)(下)三笠書房，1992 年.

(7)　Mark Leonard, *Why Europe Will Run the 21st Century* (London: Fourth Estate, 2005), 11. マーク・レナード著，山本元訳『アンチ・ネオコンの論理――ヨーロッパ発，ポスト・アメリカの世界秩序』春秋社，2006 年.

(8)　Ivan Krastev and Mark Leonard, "Europe's Shattered Dream of Order," *Foreign Affairs*, May/June 2015.

(9)　Benjamin F. Martin, *France in 1938* (Baton Rouge: Louisiana State University Press, 2005), 1.

(10)　Alexei Yurchak, *Everything Was Forever, Until It Was No More: The Last Soviet Generation* (Princeton: Princeton University Press, 2005), 1.

(11)　Mary Elise Sarotte, *Collapse* (New York: Basic Books, 2014), xix.

(12)　Mark Lilla, *The Shipwrecked Mind: On Political Reaction* (New York: New York Review Books, 2016). マーク・リラ著，会田弘継監訳・山本久美子訳『難破する精神――世界はなぜ反動化するのか』NTT 出版，2017 年.

第 1 章

(1)　José Saramago, *Death with Interruptions* (Boston: Houghton Mifflin Harcourt, 2005).

(2)　Francis Fukuyama, "The End of History?," in *The National Interest*,

Summer 1989. 邦訳書前掲.

(3)　Ken Jowitt, "After Leninism: The New World Disorder," *Journal of Democracy 2*(Winter 1991): 11–20. ジョウィットは後に次の著作で自分の考えを詳述している. *New World Disorder: The Leninist Extinction* (Berkeley: University of California Press, 1992), とくに 7–9 章参照.

(4)　Ibid., 310.

(5)　Francis Fukuyama, "The End of History?," in *The National Interest*, Summer 1989. 邦訳書前掲.

(6)　Harry Kreisler interview with Ken Jowitt, "Doing Political Theory," Conversations with History, Institute of International Studies, UC Berkeley (Regents of the University of California, 2000). http://globetrotter.berkeley.edu/people/Jowitt/jowitt-con5.html.

(7)　Ibid.

(8)　Jamie Bartlett, Jonathan Birdwell and Mark Littler, *The New Face of Digital Populism* (London: Demos, Magdalen House, 2011). https://www.demos.co.uk/files/Demos_OSIPOP_Book-web_03.pdf.

(9)　Convention and Protocol Relating to the Status of Refugees (Public Information Section: 1996, UNHCR/PI/CONV-UK1. PM5/AUGUST 1996), 16. http://unhcr.org.ua/files/Convention-EN.pdf.

(10)　Michel Houellebecq, *Submission: A Novel* (New York: Farrar, Straus and Giroux, 2015). ミシェル・ウエルベック著, 大塚桃訳・佐藤優解説『服従』河出文庫, 2015 年.

(11)　Karl Ove Knausgaard, "Michel Houellebecq's 'Submission,'" *New York Times*, November 2, 2015. https://www.nytimes.com/2015/11/08/books/review/michel-houellebecqs-submission.html.

(12)　Gaspar Miklos Tamas, "What Is Post-fascism?," *openDemocracy.net* (September 2001). https://www.opendemocracy.net/people-newright/article_306.jsp.

(13)　Ayelet Shachar, *The Birthright Lottery: Citizenship and Global Inequality* (Cambridge, MA: Harvard University Press, 2009).

(14)　Slavoj Žižek, "The Cologne Attacks Were an Obscene Version of Carnival," *New Statesman* 13 (January 2016).

(15)　"History of the World Values Survey Association," http://www.worldvaluessurvey.org/WVSContents.jsp?CMSID=History.

(16) Raymond Aron, *The Dawn of Universal History: Selected Essays from a Witness to the Twentieth Century* (New York: Basic Books, 2002).

(17) Slavoj Žižek, "We Can't Address the EU Refugee Crisis without Confronting Global Capitalism," *In These Times*, September 9, 2015. http://inthesetimes.com/article/18385/slavoj-zizek-european-refugee-crisis-and-global-capitalism.

(18) David Goodhart, *The Road to Somewhere: The Populist Revolt and the Future of Politics* (London: C. Hurst, 2017).

(19) Stephen Holmes, *The Cost of Rights: Why Liberty Depends* (New York: W. W. Norton, 2000).

(20) Kelly M. Greenhill, "The Weaponisation of Migration," in *Connectivity Wars*, ed. Mark Leonard (London: European Council on Foreign Relations, 2016), 77.

(21) Edward Luttwak, "Why Fascism Is the Wave of the Future," *London Review of Books* 16, no. 7 (April 7, 1994). https://www.lrb.co.uk/v16/n07/edward-luttwak/why-fascism-is-the-wave-of-the-future.

(22) Samuel P. Huntington, *Who Are We?: The Challenges to America's National Identity* (New York: Simon & Schuster, 2004), 21. サミュエル・ハンチントン著，鈴木主税訳『分断されるアメリカ——ナショナル・アイデンティティの危機』集英社，2004年.

(23) Karen Stenner, *The Authoritarian Dynamic* (Cambridge: Cambridge University Press, 2005).

(24) Jonathan Haidt, "When and Why Nationalism Beats Globalism," *The American Interest* 12, no. 1 (July 10, 2016). http://www.the-american-interest.com/2016/07/10/when-and-why-nationalism-beats-globalism/.

(25) Matthew Smith, "People across the West Think We Are Close to a New World War," *YouGov Research*, January 5, 2017. https://today.yougov.com/news/2017/01/05/people-major-western-nations-think-world-close-maj/.

(26) Patrick Donahue and Arne Delfs, "German President Backs Refugee Limits in Challenge to Merkel," *Bloomberg. com*, January 20, 2016. https://www.bloomberg.com/news/articles/2016-01-20/german-president-backs-refugee-limits-as-path-to-public-support.

(27) Bertolt Brecht, "Das Lied von der Unzulänglichkeit des menschlichen Strebens," 1928. http://www.lyrikline.org/en/poems/ballade-von-der-unzula

englichkeit-menschlichen-planens-770#.WNUJbNKLTcs.

(28)　Paul Collier, *Exodus: How Migration Is Changing Our World* (Oxford: Oxford University Press, 2015).

(29)　Zero G Sound, July 29, 2016. https://zerosounds.blogspot.bg/2014/01/wolf-biermann-das-geht-sein.html?m=0.

(30)　Fundamental Rights Report 2016, European Union Agency for Fundamental Rights. http://fra.europa.eu/en/publication/2016/fundamental-rights-report-2016.

(31)　Pew Research Center, July 2016, "Europeans Fear Wave of Refugees Will Mean More Terrorism, Fewer Jobs," Global Attitude Survey, Spring 2016. http://assets.pewresearch.org/wp-content/uploads/sites/2/2016/07/Pew-Research-Center-EU-Refugees-and-National-Identity-Report-FINAL-July-11-2016.pdf〔現在は http://www.pewglobal.org/2016/07/11/europeans-fear-wave-of-refugees-will-mean-more-terrorism-fewer-jobs/ に移動〕.

(32)　Henry Foy, "Poland's New Majoritarians," *The American Interest* 12 (June 7, 2016). http://www.the-american-interest.com/2016/06/07/polands-new-majoritarians/.

(33)　Tony Judt, *A Grand Illusion?: An Essay on Europe* (New York: NYU Press, 2011), 57.

第 2 章

(1)　Timothy Garton Ash, "Is Europe Disintegrating?," *The New York Review of Books*, January 19, 2017.

(2)　*Special Eurobarometer 379*, 2012, http://ec.europa.eu/public_opinion/archives/ebs/ebs_379_en.pdf.

(3)　Roberto Stefan Foa and Yascha Mounk, "The Democratic Disconnect," *Journal of Democracy* 27, no. 3 (July 2016): 5-17, 7.

(4)　Ibid., 10.

(5)　David Remnick, "An American Tragedy," *The New Yorker*, November 9, 2016, http://www.newyorker.com/news/news-desk/an-american-tragedy-2.

(6)　Dani Rodrik, *The Globalization Paradox: Democracy and the Future of the World Economy* (New York: W. W. Norton, 2012). ダニ・ロドリック著, 柴山桂太・大川良文訳『グローバリゼーション・パラドクス——世界経済の

未来を決める三つの道』白水社，2013 年．

(7) Walter Bagehot, *The English Constitution*, 2nd ed. (1873), 61. バジョット著，小松春雄訳『イギリス憲政論』中央公論新社，2011 年．

(8) James Dawson and Sean Hanley, "Has Liberalism Gone Missing in East Central Europe, or Has It Always Been Absent?," *Open Democracy*, October 5, 2015.

(9) Viktor Orbán's speech at Băile Tuşnad (Tusnádfürdő) of 26 July 2014, http://budapestbeacon.com/public-policy/full-text-of-viktor-orbans-speech-at-baile-tusnad-tusnadfurdo-of-26-july-2014/10592.

(10) Jan-Werner Müller, *What Is Populism?* (Philadelphia: University of Pennsylvania Press, 2016), 3. ヤン＝ヴェルナー・ミュラー著，板橋拓己訳『ポピュリズムとは何か』岩波書店，2017 年．

(11) Philip Bump, "Donald Trump's Spectacular, Unending, Utterly Baffling, Often-Wrong Campaign Launch," *The Washington Post*, June 16, 2015. https://www.washingtonpost.com/news/the-fix/wp/2015/06/16/donald-trumps-spectacular-unending-utterly-baffling-often-wrong-campaign-announcement/?utm_term=. aac10285ae5b.

(12) Rob Brotherton, *Suspicious Minds: Why We Believe Conspiracy Theories* (London: Bloomsbury, 2015), 6.

(13) 「スモレンスク飛行機墜落事故ニュース・ダイジェスト」(Smolensk Crash News Digest) は，2010 年 4 月 10 日，ロシアのスモレンスク付近でポーランド政府専用機 Tu-154M が墜落した事故をめぐる問題を専門に扱っている．http://www.smolenskcrashnews.com/.

(14) Maria Szonert Binienda, "Smoleńsk Maze: Crash of the Polish Air Force One, Smoleńsk, Russia, April 10, 2010," Status Report 2014, Libra Institute (Cleveland: Libra Institute, 2014), 3. http://www.smolenskcrashnews.com/pdf/2014_Report/2014_Smolensk_Status_Report.pdf.

(15) Ibid., 21.

(16) "Big Brother Gives Politics Lesson," *BBC News*, June 3, 2003. http://news.bbc.co.uk/2/hi/uk_news/politics/2956336.stm.

(17) George Papaconstantinou, *Game Over: The Inside Story of the Greek Crisis* (Athens: Papadopoulos, 2016), 10.

(18) Michael Young, *The Rise of the Meritocracy 1870–2033: An Essay on Education and Society* (London: Thames and Hudson, 1958).

(19)　Robert Ford and Matthew Goodwin, "Britain After Brexit: A Nation Divided," *Journal of Democracy* 28 (January 2017): 17–30.

(20)　"Italy Referendum 'Is a Choice between Nostalgia and the Future,'" *The Local*, November 7, 2016. https://www.thelocal.it/20161107/italy-referendum-is-a-choice-between-nostalgia-and-the-future.

(21)　"Italian Referendum Result Is Unhelpful for EU, but Not a Fatal Blow," *The Guardian*, December 5, 2016. https://www.theguardian.com/world/2016/dec/05/italian-referendum-result-eu-eurosceptics-far-right-austria-matteo-renzi.

(22)　"Over 440,000 Dutch Call for Referendum on Ukraine EU Treaty," *DutchNews*, September 27, 2015. http://www.dutchnews.nl/news/archives/2015/09/over-440000-dutch-call-for-referendum-on-ukraine-eu-treaty/.

(23)　Simon Otjes, "Could the Netherlands' Referendum on Ukraine Really Create a 'Continental Crisis'?" http://blogs.lse.ac.uk/europpblog/2016/01/26/could-the-netherlands-referendum-on-ukraine-really-create-a-continental-crisis/.

(24)　Prime minister Viktor Orbán's press conference, February 24, 2016. http://www.kormany.hu/en/the-prime-minister/the-prime-minister-s-speeches/prime-minister-viktor-orban-s-press-conference.

おわりに

(1)　Czesław Miłosz, *The Captive Mind* (New York: Vintage; reissue edition, 1990). チェスワフ・ミウォシュ著，工藤幸雄訳『囚われの魂』共同通信社，1996年.

(2)　Javier Cercas, *The Anatomy of a Moment*, translated by Anne McLean (London: Bloomsbury, 2011).

共訳者

東　史彦(はじめに，おわりに，謝辞)
上智大学法学部准教授(比較法，EU 法)

望月康恵(第 1 章)
関西学院大学法学部教授(国際法，国際機構論)

細井優子(第 2 章)
拓殖大学政経学部教授(国際政治学，EU 政治)

イワン・クラステフ(Ivan Krastev)
1965年生．ブルガリア出身．ソフィア大学卒．政治学(政治理論，中東欧政治)．ソフィアの「リベラル戦略センター」(the Centre for Liberal Strategies)理事長，ウィーンの「人間科学研究所」(Institut für die Wissenschaften vom Menschen)常任フェロー．邦訳書に『模倣の罠』，『コロナ・ショックは世界をどう変えるか』．自ら編集委員を務める *Journal of Democracy* 誌等で多数の論文を発表．

庄司克宏
1957年生．慶應義塾大学名誉教授／ジャン・モネ・チェア ad personam．中央大学総合政策学部教授．日本EU学会元理事長(現理事)．2009-10年外務省日EU関係有識者委員会委員．専門は，EUの法と政策．著書に『欧州連合──統治の論理とゆくえ』(岩波新書)，『新EU法 基礎篇』，『新EU法 政策篇』，『トランスナショナル・ガバナンス──地政学的思考を越えて』(以上，岩波書店)，『欧州ポピュリズム──EU分断は避けられるか』(ちくま新書)，『欧州の危機──Brexitショック』(東洋経済新報社)，訳書にG. マヨーネ『欧州統合は行きすぎたのか』(上・下，岩波書店，監訳)ほか．

アフター・ヨーロッパ
　―ポピュリズムという妖怪にどう向きあうか
イワン・クラステフ

2018年8月3日　第1刷発行
2021年11月15日　第4刷発行

監訳者　庄司克宏《しょうじかつひろ》

発行者　坂本政謙

発行所　株式会社 岩波書店
〒101-8002 東京都千代田区一ツ橋2-5-5
電話案内 03-5210-4000
https://www.iwanami.co.jp/

印刷・三陽社　カバー・半七印刷　製本・牧製本

ISBN 978-4-00-061286-9　Printed in Japan

欧州統合は行きすぎたのか 上
―〈失敗〉とその原因―
G・マヨーネ
庄司克宏監訳
四六判二八八頁
定価三五二〇円

欧州統合は行きすぎたのか 下
―国民国家との共生の条件―
G・マヨーネ
庄司克宏監訳
四六判二四八頁
定価三五二〇円

ポピュリズムとは何か
ヤン＝ヴェルナー・ミュラー
板橋拓己訳
四六判一七六頁
定価一九八〇円

ヨーロッパ・デモクラシー 危機と転換
宮島喬
木畑洋一
小川有美 編
四六判二九六頁
定価三〇八〇円

岩波テキストブックス
新 EU 法 基礎篇
庄司克宏
A5判三九〇頁
定価三七四〇円

岩波テキストブックス
新 EU 法 政策篇
庄司克宏
A5判四四二頁
定価四五一〇円

岩波書店刊
定価は消費税 10% 込です
2021 年 11 月現在